未来人材と高等教育

マイナビ進学総合研究所　著

はじめに

今、高等教育機関は、社会変容に合わせて大きく変化しようとしています。高等教育機関が直面している少子化問題では、2032年に18歳人口が100万人を切ると予測されています。入学者の定員割れは、少なからず経営に影響を与えます。入学者減による募集停止や高等教育機関の減少は、すなわち教育機会の損失となります。

経済産業省は、将来に起こる社会変容に備え人材政策を検討する「未来人材会議」を設置し、2022年5月に「未来人材ビジョン」を定義しました。これからの時代に必要となる能力やスキルは、基礎能力や高度な専門知識だけではなく、「常識や前提にとらわれず、ゼロからイチを生み出す能力」「グローバルな社会課題を解決する意欲」「多様性を受容し他者と協働する能力」などの根源的な意識・行動面に至る能力や姿勢が必要と提唱しています。なかでも急がれるグローバル人材やデジタル人材の育成には、高校・大学の受験システム変革だけではなく、就職後の企業が担う人材育成にまで言及しています。

このビジョンを実現するための、未来人材育成の一翼である大学は、多くの課題を抱えながらこれまでにない変革スピード感を求められています。

本書ＰＡＲＴ01では、「未来人材育成」に必要なことはなにかをテーマに、高等教育機関・ビジネススクール・経済産業省の未来人材会議座長など、教育現場のトップを走る有識者の方々へインタビュー。独自の視点から変容する教育現場の現在と未来を語ってもらいました。

ＰＡＲＴ02では、我々のビジネス領域である「高校生の進学」における実態に迫ります。マイナビ進学総合研究所で実施してきた調査やその結果を紹介するとともに、我々が高等教育機関の課題をどのように解決してきたのか、事例とともに紹介します。また高等教育機関が未来人材を輩出するために必要なことについても触れていきます。

本書が、現在多くの課題に日々取り組んでいる高等教育機関関係者のみなさまに解決方法を見出すきっかけとなれば幸いです。

２０２３年3月　マイナビ進学総合研究所

CONTENTS

PART 1

未来人材

大きく変容する社会で必要とされる人材とは。
IT、社会人教育、行政の分野で最先端を行く有識者３人。
高等教育機関の課題と向き合うために必要なデータを調査し、
教育現場の知見を持つマイナビ進学総合研究所・主席研究員が、
有識者が持つ「未来人材」の実像と可能性に迫ります。

Special Interview 01

変容する世界の中で、生き残る人材とは

山本 康正 氏

Special Interview 02

今後、この国で活躍する人材像とは

田久保 善彦 氏

Special Interview 03

求められる人材と高等教育機関

柳川 範之 氏

聞き手：マイナビ進学総合研究所　研究員　宮内 章宏　青木 湧作

Special Interview 01

変容する
世界の中で、
生き残る人材とは

■京都大学経営管理大学院 客員教授

山本 康正氏

1981年、大阪府生まれ。東京大学大学院で修士号取得後、三菱東京UFJ銀行（現・三菱UFJ銀行）米州本部に就職。その後、ハーバード大学大学院で理学修士号を取得。卒業後にグーグル株式会社（当時）に入社。テクノロジーを活用したビジネスモデル変革等のDXの支援に携わる。現在はベンチャー投資家として活躍。日本企業やコーポレート・ベンチャー・キャピタルへの助言等を行う。著書に『次のテクノロジーで世界はどう変わるのか』（講談社現代新書）、『なぜ日本企業はゲームチェンジャーになれないのか ーイノベーションの興亡と未来ー』（祥伝社）、『入門 Web3とブロックチェーン』（PHP研究所）などがある。

聞き手：マイナビ進学総合研究所　青木 湧作

今後、未来はどう変容していくか

ＡＩの進化についていけなければ仕事で機会損失する時代に

青木　はじめに山本さんの現在の状況についてお聞かせください。

山本　ベンチャー投資を主として活動しながら、同時に母校への恩返しということで、京都大学の経営管理大学院の客員教授をさせていただいています。現代の企業経営においてテクノロジーはもはや避けて通れません。データを使ってどう利益を上げていくか、自分たちの業界はどう変わっていくのか、ビジョンをどのように作ればいいのか、といった話をしています。受講生は社会人の方もいらっしゃいますし、留学生を含め学生の方もいらっしゃいます。この二つをメインとして、ほかに大企業へのＤＸ支援やコーポレート・ベンチャー・キャピタル活動におけるアドバイスをしています。

青木　ありがとうございます。ではさっそく本題に入っていきたいのですが、今後、未来はどう変容していくと予測されていますか。まず、大きなところでＡＩの進化と社会への影響がありますね。

山本　ディープラーニングがさらに発展した形で、創造的なアウトプットを生み出すジェネレーティブＡＩ（生成ＡＩ）といった技術分野が出てきていることが、社会に大きなプラスとなる可能性があり、パソコンの普及以上のインパクトになりつつあります。パソコンが普及して、インターネットができて、クラウドベースになったがゆえに人工知能のディープラーニングが実現可能になった。そういった意味では非常に広範囲に影響が出ているので、ついていけない方々は仕事で機会損失が発生するということになるでしょう。もちろんすべての人がＡＩの専門家になる必要はありませんが、せめてどういったしくみで動いているかわからなければ、次のビジネスがどうなるか予想できないということになります。

創薬業界を例に出しますと、これまで創薬のプロセスの一部は研究者が仮説を立てていました。それがＡＩのディープラーニングによって、自動化されて何回も何回もトライすることが可能になるわけです。したがって創薬のアプローチは抜本的に変わります。その脅威に、一部の専門家はもう気付いている。同様のことがじわじわといろいろな分野で起こっています。

青木　具体的にはもうありとあらゆる業界ということですよね。

山本　あらゆる業界ですね。あえて言うならば、これまで定量化できなかった分野も、今後はどんどん定量化できるようになります。例えば画像の中身などもデジタルデータとして扱えるようになります。そのデータをもとに、「こういった特徴があればこれは人間の顔である」「これはペットボトルである」と判別できるようになります。

ソフトウェア軽視が日本の大きな敗因

青木　では、フィンテックが経済へ与える影響はいかがでしょうか。

山本　よくいわれる「○○業界×テック」は、それは単なる看板として「テクノロジー」という言葉を組み合わせただけにすぎません。「フィンテック」という言葉も、金融とテクノロジーという意味であって、実態は人工知能です。２０００年代のインターネットが普及したときと、今のフィンテックの大きな違いは人工知能。

特に金融業はローンをはじめ情報が収益源となります。「この人はどれぐらい借り手がお金を返済する能力があるのか」ということをさまざまな情報から判断するのですが、借り手と貸し手が持っている情報には違いがあります。そういった問題に対し人工知能を活用して分析を自動化することによって解決していきます。例えば、よくある行動パターンを人工知能で分析することによって、その人の信用スコア、ローンをちゃんと返済できるか、いい借り手かどうかを判断します。こうしてこれまで人の手で行っていたことを自動化させ、そして人の手ではカバーできない細かい分析もAIが行うことで、ビジネスチャンスが拡大していくでしょう。

青木　「ビジネスチャンスが拡大する」とおっしゃいましたが、よく「AIに仕事を奪われるのではないか」と危惧する声も聞かれますが。

山本　いいえ、新たなビジネスが生まれると思います。パソコンが出たときも、「パソコンによって人間の職が奪われるかもしれない」という話がありましたが、実際にはExcelなどを学ぶことでより広範囲の仕事ができるようになりました。AIの登場により仕事の内容は進化すると考えられたほうがいいですね。

青木　Web3が社会に与える影響、価値観の変化などはどのようなものがあるでしょうか。

山本　Ｗｅｂ３は、基本的にはブロックチェーンそのものをさします。ブロックチェーンの進化は２００８年ごろから始まり、Ｗｅｂ３のコンセプト自体は２０１４年にはありました。２０２１年に、米大手ベンチャーキャピタルのアンドリーセン・ホロウィッツがＷｅｂ３を掘り返してプロモーションを始め、日本でも広がりました。なので、誤解している方が多いのですが、どちらかというとこれは宣伝文句であって、Ｗｅｂ３によって何かが劇的に変わるかというと、そんなことはありません。Ｗｅｂ３があればＧＡＦＡ（Ｇｏｏｇｌｅ、Ａｐｐｌｅ、Ｆａｃｅｂｏｏｋ、Ａｍａｚｏｎ）に勝てるという根拠のない言説がありますが、そう単純に思い込むことはかなり危険です。もちろん、ＤＡＯ（分散型自律組織）など一極集中の情報を分散化して民主化を目指すことはすばらしいことですが、理想と同時に、この技術はどこまで何ができるかという現実とのギャップを本当は考えないといけませんし、Ｗｅｂ３で何かビジネスを起こそうというのは考えるには遅く、入るならブロックチェーンの時点で入っていたほうが有利でしたでしょう。

青木　Ｗｅｂ３で浮足立っている根底にあるのは、日本はＧＡＦＡに負けてしまったという焦り、なんとかしてＧＡＦＡに勝ちたいという思いがあるのでしょうか。

山本 そうですね。日本がGAFAに負けた一番大きな原因は、ソフトウェアに対する軽視があると思います。ハードウェアに関しては日本がかなり強かった時代がありました。その流れがあり、ハードウェアが上でソフトウェアが下と考えてしまったんですね。

例えば、車業界などでは、まずハードウェアを作ったうえでソフトウェアを外注するようなことがこれまでほぼ既定路線としてありました。しかし、本来はソフトウェアもハードウェアと一緒に議論をし、ソフトウェアも加味したうえで全体の体験を設計しなければなりません。ハードウェアを作ってから「ソフトウェアの開発をお願いします」という状態では、「このソフトウェアを使うなら、ここにセンサーがほしいのに⁉」となっても通りませんよね。そうすると「この会社はわかってないな、役員も全員ハードウェア出身だし、やる気がないな」と、ソフトウェア開発の優秀な人材がどんどん海外の企業などに行ってしまう。そういったところでビジョンがちゃんと確定できなかった。そこに組織の硬直性が加わり、さらに人材の流動性もない。新卒生え抜きばかりの企業が最前線の人材を確保しようとするなら、経験者を採用するしかありませんが、なかなか採用できない。そうするとその組織はデジタル化で大変苦労することになります。

「オセロの角」を抑えるのはこれまでの競合相手とは限らない

青木　DXが社会に与える影響についてはいかがですか。

山本　DXそのものの定義があまり知られていないといいますか、これ自体あやふやなところはあるんですけれども、一つ言えることは単なる「デジタル化」ではないということです。「紙をPDFにしました」がDXではありません。デジタルを使って0から考えたときに、どのようなビジネスが最適なのかを考えることがデジタルトランスフォーメーションの最初の一歩です。

新型コロナウイルスの蔓延により、もはやデジタルなしには商売は成り立たない時代になり、強制的にデジタルを活用しようとDXが加速しました。eコマースがいい例ですね。「小売り全体の中ではeコマースの市場はまだまだ小さいものだろう」と思っていたら、どんどん加速しています。特に新しい世代、Z世代は、百貨店に行くよりも、スマホでワンタップ決済ができるオンラインストアのほうが圧倒的に楽だと感じています。eコマースで購買体験をしてしまうと百貨店には足が遠のいてしまう。ところが、百貨店に通い慣れている人はバイアスがかかっているので、eコマースの購買体験を知らないまま過小評価し、「やはり商品は実物を見て、店員に説明してもらわないとわからないだろう」と言う。本当にそうでしょうか。Z世代は、Ｉｎｓｔａｇｒａｍなどでいろいろな写真を見て商品を判断し、ほしいと思ったときにポチッとするだけで買えたほうがうれしい。届いて気に入らなければ返品できるのならば何も問題ないわけです。このようにビジネスの仕方を変えていくことがＤＸの本質。それが世代交代によって加速していくでしょう。

青木　こうした変化の速い時代におけるビジネスは、これまでのようにものを作って売ればいいというわけではない。ユーザーが何を求めているのかということを考えるだけでも難しいですね。

山本　もし今の製品・サービスが何かに取って代わられるとしたら、それが同じ業界の競合相手のものとは限らないということです。有名な事例としてはカメラがあります。多くの人は、まさかカメラがスマートフォンに置き換えられるとは考えなかったでしょう。もちろん気付いていたカメラメーカーもありましたが、ではどうすればいいかその先にいけなかった。最初、携帯電話にカメラが付いたときは、「おもちゃのカメラじゃないか、画素がまだまだじゃないか」と過小評価していたんです。写真を撮って現像して、焼き増ししてみなさんに配るという流れの最後の過程、共有するというところがインターネットで一瞬にしてできてしまう。そこがユーザーに重視されて、取って代わられるとまでは思わなかったんです。

私は「オセロの角」とよく言っています。たしかに画素のことだけを考えれば本物のカメラがいいかもしれませんが、それよりもオセロの角になるところは共有だったわけです。車業界であれば、AからB地点に移動するときに、ハードウェアとしての乗り心地だけではなく移動時間に友だちと何ができるか、仕事はできるのか、その辺りを考えていくとまた違ったコンセプトになってくると思います。新しいものを考えるときに、前提条件を取っ払うことが重要だということです。

青木　今までの産業にこだわって、その製品の品質を上げていくだけでは乗り遅れてしまう。もっと柔軟にガラリと変える発想が必要ということですね。

山本　よく日本は、足し算が得意といわれます。いろいろな機能を追加していくのは得意だけれども、引き算が苦手。すでにある機能を無くすと、その機能を使っていたユーザーから文句を言われるので、それを恐れて足し算、足し算になってしまう。そうすると、結局何がしたいのかわからなくなる。5年、10年先を考えたときに、この機能は本当に必要か、無くてもいいのではないかと考えてみる。そのような大胆なことを断行できるか。そのビジョンにユーザーがちゃんと共感するかが重要だと思います。例えば、MacBookは早期から無線LANが普及することを見越して、LANケーブルの差し込み口を無くしました。そういったことは日本のPCメーカーはなかなかできない。ずいぶん遅れてからようやく無くす方向にいったので、その辺りはやはり日本の弱いところ。とりあえずすべての需要を取り込もうとして、ある意味、八方美人になり、反してユーザーの一番求めていることを見失ってしまうというところは多いですね。

業界を横断するクラウドが社会を変える

青木　ほかに世界を変えていく可能性を秘めた、メガテクノロジーがあれば教えてください。

山本　クラウドです。人工知能の発達はクラウドのおかげですから、やはりクラウドが非常に強いですね。政府もガバメントクラウドというかたちでAmazonの

AWS、MicrosoftのAzure、GoogleのGoogle Cloud、この3社でやろうとしています。これまでのように、サーバーは企業の中にあるものという考えから、どんどんクラウドに置き換わってますます発展していくでしょう。例えていうなら銀行と同じ。手元の金庫にお金を入れておくと便利ですけれども、セキュリティーの面では銀行より甘くなりがち。泥棒が入ってきて金庫ごと持って行く恐れもある。銀行に預けたほうが電子送金も可能になります。

同様のことが、情報においても言えるわけです。情報をクラウドで共有し、その情報をちゃんとプライバシーに配慮したかたちで活用できれば、新しいインサイト、洞察が出てくる。そのデータを活用して、さまざまなビジネスをより円滑にすることができる。例えばヘルスケアのデータを病院ごとではなくクラウドで連携し、必要なときに必要なデータを病院側がクラウドから引っ張ってくるようにすれば、「あの検診の結果はどうだったっけ？」ということにならないわけです。

青木　今は病院ごとにカルテがあるので、ほかの病院にかかろうとするとイチから説明しなければなりませんね。

山本　それこそDXの失敗なんですけれども、電子化することが目標になってしまっためにに、各病院の使っている業者さんによって規格が違うまま進めてしまった。結果的にデータの互換性がなかった。それでは意味がないんですね。どの病院に行ってもデータが共有できるファイルになっていて、アップロードすると自動的に統合されるようなかたちが本来は望ましいんですけれども、電子カルテ化を推し進めた80年代、90年代当時は、ここまでインターネットが発達するとは思わなかった。そのため、電子化は8割以上となりましたが、実際の活用は進んでいません。アメリカは日本からそれを学んで、電子化自体はそれほど進んでいないのですが、それをどうやって理想のかたちに持って行くかということを考えながら進めています。

青木　先の先を見越していかないとならない。中長期的にビジネスを見据える力が求められますね。

山本　企業の社長は「任期は大体4年で、とりあえずこの中で何か成果といえることをやっていけばいいか」と考えがち。20年後を見据える改革をしても株式を持たなければ報酬はなかなか上がらず長期的に考えるメリットがあまりないんですよね。そこが停滞の原因にもなっています。

世界の変容の中で、日本は今後どうなるべきか

種目そのものを変えるような根本的な変革を目指す

青木　今までもヒントがいろいろと出てきたと思いますが、こうした世界の変容の中で、日本は今後どのようになっていくべきでしょうか。ゲームチェンジャー不足の解消、イノベーションを生み出す土壌回復などが求められると思いますが。

山本　ビジネスモデルをスポーツで例えると、やっているスポーツの種目そのものを変えるべきです。日本はこれまで野球をやってきたんです。待っていたら必ずバッターの打順は回ってきますし、評価されるＫＰＩは打率だったわけです。しかし、今やっているのはサッカー。どこにボールが飛んでくるかわからないのでそこに向かって走らないといけない。シュートを何回でも打っていいのでシュート数は問題にならない。１回でも決めたら万々歳。そういった意味ではまったくＫＰＩも変わりますし、必要な人材も違いますし、トレーニング方法も変わる。そこから変えな

いといけない。

ゲームチェンジャーとは、そのようにこれまでとはまったく違う種目でプレーし、リードできる人。それができる人材がどんどん外に出てしまっているのが現状です。ただ、野球のコーチがサッカー選手を育てられないように、新時代に対応できる人材は、従来の種目で業績を上げた人には育てられない。なので、もう割り切って、優秀な若手には留学なり外資系で働くなりしていただいて、修業して吸収していただき、外の視点から日本を変えていくしかない。2022年のサッカーワールドカップの躍進で活躍した選手もほとんどが海外経験を積んでいます。よく新卒社員に「内側から変えていってほしい」といった話をする社長がいますが、まず無理だと思います。

青木　なぜ海外では種目を変えることができているのに、日本はできていないのでしょうか。

山本　例えばアメリカも、アメリカの中で育った人材ばかりが活躍しているわけではありません。世界である程度成果を出した人が集まってきているんです。日本の1億人から選抜された優秀な人と切磋琢磨するのと、世界の80億人から選抜された人たちと一緒に仕事をするのは全然違いますよね。そういった意味で、アメリカではより高度なことがやりやすいということです。

青木　アメリカの企業には優秀な人材を引き寄せる力があるということですか。

山本　ありますね。国籍問わず優秀であれば上がっていけますから。アドビのトップはインド出身です。ペプシを販売するペプシコの前CEOもインド出身、今のCEOはスペイン出身です。IT企業のトップはインド出身者が多いですね。外国人でもトップになれるというアメリカンドリームが体現されているので、人材を引き寄せています。

当然、報酬も日本とは比べものになりません。アメリカだと年間100億円くらいもらえる人材が、年間10億円に満たない報酬でわざわざ日本に来るかといったら来ないでしょう。アメリカと同水準の報酬を出せる日本企業はごくわずかです。

青木　アメリカの企業は高額な報酬で優秀な人材を雇うことができるのに、日本ではできないのは何が問題なのでしょうか。

山本　一つは稼げていないということでしょうね。利益率が低すぎる。さまざまな経営指標がありますが、利益率は海外に比べて低いのがほとんど。アメリカの企業は利益率が圧倒的に高いです。稼げていないから給料に回せない。そうすると稼いでいる企業に人材が流れてしまうという構図です。

青木 日本の企業の中には無駄がかなり多いということですか。

山本 かなりあります。ROE（リターン・オン・エクイティ＝自己資本利益率）は、基本的に借入金があると高くなるのですが、そもそも借り入れをしてまで大きなリスクを取ってチャレンジをする企業が少ない。それは、チャレンジするためのビジョンを持っている企業が少ないということにほかなりません。時価総額を上げようというチャレンジをしている企業が少ないんです。任期の間、なにごともなく社長業をやっていれば、経済団体のイスが待っていますので、それをふいにすることはしないという社長が多いのではないでしょうか。

青木 無駄を排除して利益率を高めて報酬に回して外部人材を引っ張ってくれれば、改革を進める一つの筋道になるように思うのですが。

山本 そうですね。これはジレンマですよね。稼げていないから給料は出せないけれど、いい人に来てほしい、こんな都合のいい話はありません。

青木 年功序列によって報酬は高いけれども成果を上げていない人もいますね。

山本　窓際族だけどなぜか年収2000万円をもらっている、いわゆる「Windows2000問題」ですね。年功序列は時代に合う、合わないがあります。パーソナルとしては、年上を敬い、知識や経験を学ぶことは大事ですが、ビジネスにおける〝スタメン〟は年配者ばかりでは負けてしまう。伝統産業であれば年齢の高い方が適役かもしれませんが、今のテクノロジーの嵐が吹き荒れるところで改革をするならば、スタメンはおそらく20代、30代だと思います。

青木　そう考えると、日本の企業は変えなければならないことが多い。

山本　変えるところばかりですね。どこを立て直すべきかだいたいわかってきていますが、それを自覚している社長もいれば、自覚していない社長もいます。特に売り上げがほとんど国内という企業だと、情報が日本国内だけで閉じている。少ない閉じた情報だけで判断してしまっているので、重要な意思決定などはなかなか海外の目線には届かない。

必要とされる人材、生き残る人材

起業家に必要な素養がすべての人に必要になる

青木　変容する世界では、今後どのような人材が必要とされ、生き残っていくことができるようになるかお聞かせください。

山本　①英語　②データサイエンス　③ビジネスモデルをどう変えるかということ　④ファイナンスがわかること　⑤プログラミング。プログラミングは何ができて何ができないかぐらいがわかれば十分。この5つができることが必須。これはどこの業界も同じです。だから、高校・大学で文系、理系と分けること自体がナンセンス。今、パソコンを使わない職種なんてないのと同じように、今後はデータの解釈は全員ができないといけない。

例えば、「このドリンクを飲んだらパフォーマンスが上がった。それは本当に因果関係があるか」。こういったことをデータで見て分析し、解釈できるかどうかがマストなスキルです。本当はこれぐらい中学・高校で学ぶべきですね。また、健全的な批判精神、クリティカルシンキングができることも求められます。「新聞社が言ってます、権威の方が言ってます」と、情報をうのみにするのではなく、なぜだろうと正しく建設的な質問ができること。あとは行動。ただ質問するだけでなく、「私はこう思います」と仮説を立てられる仮説思考ができるかどうか。仮説がビジョンとなり、そのビジョンに惹かれていろいろな人が集まります。こうした起業家に必要な素養は、すべての人に必要になってきます。

青木 起業家やリーダー層だけでなく、すべての人に必要なのですか。

山本 すべての人に、です。企業は人の集合体です。人的資本経営とよくいわれますけれども、組織の仕事はただ上から降ってくるものではなく、個人が「この仕事はこうしたほうがいいのではないか」と、逆に上に提案をするようでないとなりません。自分は何もしなくても組織は今後もずっと続いていくものだと思っている人、寄らば大樹の人ばかりが集まると、その大樹自体が弱くなってしまいます。そういった意味で、すべての階層の人が自分で提案できるようにならなければならないんです。もちろん下の階層だと粗削りのアイデアが多く、なかなか通ることは少ないけれども、10年、20年たつとその方々はどんどん権限を持ってきて通りやすくなる。さらに、それを日本人向けだけでなくて世界に発信できるといいですね。

青木 先ほどデータの分析は中高生のうちから学ぶべきだとおっしゃいましたが、教育に関して今後はどのようなことが求められますか。

山本 私はディベートが必要だと思います。知識はインターネットで検索すればわかる、もはやコモディティになっています。大切なのはそれをどう解釈していくか。パソコンやスマホで検索をして、これはフェイクニュースじゃないか、バイアスがかかっているんじゃないかということも含めて、中高生のうちから日常的に同級生や年上の人とディベートを積み上げていく。大学から始めるのでは遅いですね。さらに、できたら英語でディベートしてほしい。そうしたらディスカッションの相手が、国内の同年代１００万人から10億人以上に広がります。

大人は「生意気な若者だ」と、彼らの意見をつぶしてはいけません。もし彼らが「自分の考え方はほかの人と違うのかもしれない、変わっているのかもしれない」と思っても、それを受け入れるように促す。他人の意見も同様に、「そういった視点もあるのか」と、受け入れていく。そうすることで、多様性の強さを学びます。

いろいろな方向からつつかれても折れないようにするには、多様性が必要なんです。

青木　しかし、そうしたことを中学・高校でしたくても、それに対応できる先生がなかなかいないという現状もあります。

山本　そうなんですよ。だから、私は社会人がもっと教育現場に行って教えてもいいと思うんです。ほとんどの教員は外の世界で働いたことがありません。どうやって就職活動、転職活動をするかも知らない。それでは教師になる人は育てられるかもしれませんが、ビジネスのことはアドバイスできませんよね。

中高だけでなく大学も同様です。大学教授は基本的には生え抜きの人が多いのですが、全学生のうち研究者を目指す人は少ないでしょう。それ以外は基本的に就職するわけです。であれば外の世界のことをどんどん聞いたほうがいい。卒業生を含めいろいろな外部の人材に話を聞く体験があるといいと思います。私も母校の奈良の西大和学園で話をしています。

すべての大学生が起業することが理想

青木　高等教育機関は何を重視して育成すればいいですか。ＤＸにマッチした教育方針に切り替えていくべきでしょうか。

山本　起業したほうがいいと思います。大学は社会と隔離されているので、もうちょっと実社会と触れたほうが学生にとってもいい。会社を作ってみて、商売してみる。おそらくほとんどうまくいかないと思います。そうすると理論と実践は違うということに気付くので、何が足りなかったのか学ぶことができます。起業の体験がないまま就職すると、起業のチャンスが著しく減ってしまう。

学生のうちに全員が起業してみて、「しょせん学生でしょ」とまったく相手にされない苦しみを味わい、そこをどう乗り越えていくかを考え、0から1を作ることがいかに大変かということをかみしめたうえで就職すると、組織の中での働き方もまた全然違うと思います。

青木　起業のハードルは高いように思います。

山本　現在は、資本金1円で合同会社の登記ができます。手続きや税理士などを含めると年間数十万円かかりますが、学生でもそれほどハードルが高いものではないと思います。

青木　ハードルは資金面ではなく別のところにあるのかもしれませんね。

山本　そうですね。もし同じクラスで起業してみてうまくいった人がいたら情報交換できますが、起業する学生の絶対数が少ないので、ピア（仲間）がいない。相談相手がなく孤立してしまうことが一番の怖さですね。今いろいろな大学で起業部ができていますが、ノウハウを聞ける相手がなかなかいない。大学内に起業相談所もある場合がありますが、職員がそもそも起業していなかったらわからない。なので社会との接点、入り口をちゃんと作ってあげることが重要です。

青木　今後必要な人材を育てるという意味において、各大学は理想に対してどの程度までうまくいっていますか。

山本　全然足りません。本来なら全学生が起業することが理想ですが、実際の大学生の起業率は数%もないというデータがあります。起業率が低い理由の一つは周知が足りていないということ、もう一つは教える先生がほとんどいないということです。

青木　起業しようとしている学生に対して大学側が組織として働きかけるには、どうすればいいのでしょうか。

山本　前述したように、ノウハウを聞ける相手がなかなかいないことが課題となっています。信頼できるＯＢが支援してあげることが一番。ビジネスに詳しい方が近くにいるとは限りませんが、今だとZoomもできますから、卒業生応援団みたいなのを作ってマッチングをしてあげるといいのではないかと思います。東大では、「キャリア」を基軸とした東大の若手卒業生ネットワーク「三四郎会」があり、東大生と卒業生をマッチングして5人、6人でディスカッションをしています。そうすると、顔と顔を合わせて気軽に質問ができ、ビジネスがどんなものか、起業がどんなものか実感のこもった言葉を聞くことができます。

青木　前半に長期スパンで物事を考えられる人材が必要だというお話がありましたが、そうした視点というのはどうすれば養えるのでしょうか。

山本　一番重要なのはビジネスモデルをどう考えるか。日本だとハードウェア製造業が多かったので、いいものを安く売る、すなわち価格優位性か品質で勝つ、あるいは販路を拡大するしかなかった。でも、今起こっていることはユーザーエクスペリエンス、どういった状態でどういった顧客体験を提供するかによって全然変わるわけです。そういった「そもそも」をちゃんと壊していく。いろいろな経験をすることで「この業界の常識は、ほかの業界の非常識である」「これが常識という思い込みは捨てたほうがいい」と気付くこともあります。業界をあちこち転々とすると、

これまでの既存の評価では「けしからん、こいつは何の専門家なんだ」となっていましたが、今後は「この業界の専門家」ということが邪魔になってしまうこともあります。過去の体験を柔軟にアンラーン（脱学習）して忘れることができるのは大事なことなんです。アメリカで流行ったビジネスモデルを日本に持ってくるという「タイムマシン経営」ではもう遅い。その先に行かないといけない。0から自分たちで試してみること。サッカーではシュート数は考慮されません。シュートは何本打ってもいい。1本でもゴールできたらいいんです。

未来の人材育成。高等教育機関に必要なこと

15歳までトップクラスの数学的・科学的リテラシーを維持するために

青木　経済産業省・大臣官房未来人材室「未来人材会議」で議論が進んでいる「未来人材ビジョン」や「未来人材の育成」についてご意見をお聞かせください。

山本　話題になって危機感が増したという意味ではいいレポートだと思っています。これまでは省庁は自己否定がしにくい環境でした。先人たちの政策を否定できませんから。そういった意味で、一石を投じてくれたレポートだと思っています。

ＯＥＣＤ加盟国中、日本の15歳の数学的・科学的リテラシーはトップレベルだという情報が掲載されていたことが興味深いですね。その高いリテラシーがなぜかデータサイエンスにつながっていないんです。大学ですっぽ抜けている。アメリカの大学に行ってもらうなり、データサイエンスに力を入れている学部に行ってもらうなりすればデジタル化に強い人材が大量に出てくる可能性は十分あります。そう

いった方向性を見せてくれたという点でも良いレポートだと思っています。

青木　15歳までは数学的・科学的リテラシーがトップレベルなのに、その後につながっていかないということは、大学に何か課題があるということでしょうか。

山本　その通りです。まず、教えることに対するインセンティブがないということが一因としてあります。アメリカでは生徒のアンケートによって授業がかなり厳しく評価されますし、ティーチング・アシスタントという助手制度もかなり支援されます。だからいい評価を得るため先生は努力する。

日本においては、准教授、教授という肩書きが待遇に影響します。たくさんの非常勤講師を低賃金で雇っていますが、その中にものすごい熱意を持って教えてくれる講師がいても報われないんです。優秀な研究者がいい教育者になるとは限りません。本当にいい教育者に対して待遇面をもっと上げるなど考慮する必要があるでしょう。評判のいい講師はＺｏｏｍでつないでいろいろな大学で同時に教えてもらう、東京ドームで講義をする、といったことがあってもいい。学生に「もっと知りたい、もっと勉強したい」と思わせることができる先生が、埋もれずに活躍できる環境があればずいぶん変わるのではないでしょうか。

日本は参考書大国なんです。大学受験のための参考書はたくさんある。でも大学に行くと無くなってしまう。試験というわかりやすいゴールがあると、みなさん一生懸命勉強しますが、大学に入るとゴールがどこかわからない。コンサルに入ることが目的なのか、都市銀行か、公務員か。いろいろなゴールがあると分散化してしまってどこにエネルギーを注げばいいのかわからず、「とりあえずバイトでもするか」となってしまう。バイトもいいけれども、高校まではいい参考書もたくさんあって、熱意を持って勉強していたのだ

から、大学でも続けてほしい。参考書とライブでインスパイアされる劇場型の授業があると変わるのではないでしょうか。そしてそれが、きちんとインターンなどに直結するといいですね。例えば、「その授業で成績上位10人は、この企業でインターンに参加できます」となると、もっと勉強しようという励みになる。授業で評価された人たちが就職でも有利になるという構図を作ってあげると、もっと熱心に取り組むのではないかと思います。

それと、私が思うのは、すべてを内製化する必要はないということです。どんどん海外に行ってもらっていいのではないでしょうか。トップスクールに合格すれば、奨学金は豊富にあります。多様な力を持った人材が突き進んでいくためには、もっとフリーハンドでやらせていい。我々はそれをつぶさないようにしなければなりません。

Special Interview **02**

今後、この国で活躍する人材像とは

■ グロービス経営大学院
経営研究科　研究科長・教授
田久保 善彦氏

慶應義塾大学理工学部卒業、学士（工学）、修士（工学）、博士（学術）。スイスIMD PEDコース修了。株式会社三菱総合研究所を経て現職。経済同友会幹事、上場企業・ベンチャー企業社外取締役等も務める。著書に『ビジネス数字力を鍛える』『社内を動かす力』（ダイヤモンド社）、共著に『志を育てる（増補改訂版）』『グロービス流　キャリアをつくる技術と戦略』『27歳からのMBA　グロービス流ビジネス基礎力10』『これからのマネジャーの教科書』『「人的ネットワーク」づくりの教科書』（東洋経済新報社）などがある。

聞き手：マイナビ進学総合研究所　宮内章宏

グロービスが考える「未来に必要な人材」

人間と人間の対話がアウトプットにつながる

宮内　社会変化によって、これまで求められていた「人材像」が大きく変わっています。今後活躍する「未来に必要な人材」を育てるために必要なことは何か、グロービス経営大学院　経営研究科　研究科長・教授を務めていらっしゃいます田久保善彦さんにお伺いしたいと思います。まず、グロービス経営大学院（以下、グロービス）の設立から現在の状況を教えてください。

田久保　グロービスは２００６年に設立され、２０２１年に15周年を迎えたビジネススクールです。東京、大阪、名古屋、仙台、福岡、横浜、水戸と主要都市で展開し、オンラインでも受講できます。入学する方は、全員社会人です。２０２２年度は、日本語プログラムで１１５６名、英語プログラムは世界26カ国から96名。合わせると１２５２名が通っており、ＭＢＡを取得できる日本最大級のビジネススクールとなっています。私はこの大学院の責任者を務めています。加えて教員としても多くの授業を担当しています。

宮内　受講生は全員社会人とのことですが、世代分布はどうなっていますか。

田久保　20代前半～30代半ばまでが約30％、30代半ば～40代半ばまでが約50％、40代半ば以降で約20％となります。国内大・中小企業のビジネスパーソンや外資系企業のみなさん、加えて、一次産業に携わっている方など業界・業種においては多岐にわたります。どこの業界も環境変化が激しいので、「明日、何が起こるかわからない」という危機感を抱いている方が非常に多いですね。近年では、医師など病院勤めの方や医療法人の経営に携わる方も増えており、今年は約30名の方が入学されています。医師免許を持っている方が医師以外のこと、例えば医療系ベンチャーの技術顧問にも携わる、そのような時代になってきています。ほかにも税理士、会計士、弁護士などの士業の方の受講も近年増えました。社会が大きく動いていますから、関心は元々あったけれども、忙しくてなかなか通えなかったという方たちが動き始めたように思います。グロービスはコロナ流行よりも前の２０１５年からオンラインでの授業を提供していたのですが、コロナ禍によりオンラインで学ぶことのハードルが低くなり、受講する方の数は増え続けています。

宮内　貴学のオンライン授業の特徴はどのようなところにあるのですか？

田久保　グロービスのオンライン授業は録画した授業をオンデマンドで受講したり、教員が一方的に話し続けるような講義形式の授業ではなく、すべてリアルタイムで参加するディスカッション形式の授業です。教室での授業スタイルをオンラインで完全に再現しています。学生からのアンケートは、オンラインでも教室での授業でもスコアはほとんど変わりません。仕事や育児などで忙しい方だけでなく、地方在住の方や、さまざまな条件で通学がかなわない方の学習機会がテクノロジーによって担保されるようになったことは、すごくいい流れだと思っています。

宮内　出願資格が「企業・官公庁等における原則二年以上の社会人経験」が必要となっておりますが、これはどうしてでしょうか。

田久保　これはグローバルスタンダードで、ビジネススクールに来るならば最低限のビジネスキャリアは持っていることが推奨されています。日本では、学校によっては大規模に学卒の入学を許可していると聞きますが、ビジネスキャリアのない受講生を多数受けいれているビジネススクールがあるのは日本ぐらいです。なぜグロービスは条件を設けているかというと、例えば会議で自分の意見を上司にぶつけても納得してもらえなかったり、企画書に山ほどフィードバックを受けたりしたことのない人がビジネススクールに来て議論をしても、机上の空論になってしまう可能性が高いからです。それでは受講生が得るものが少なくなってしまう。大学生時代などに起業して、ある程度の組織で活動した経験がある人であれば、例外的に入学を許可することもありますが、基本的にはビジネスの経験を持っていることを出願要件にしています。

宮内 なるほど、そういう理由だったんですね。では、貴学が優秀な人材を輩出できるメソッドについてお聞かせいただけますか。

田久保 はい。これはもう、ひとえに人間と人間の切磋琢磨だと思います。

宮内 具体的にはどういうことをするのでしょうか。

田久保 質の高い対話・ディスカッションが肝になります。最近の若い人たちは、ＹｏｕＴｕｂｅで勉強する、ＴｉｋＴｏｋで勉強するという話をよく聞きます。短い動画で解説しているのをただ見ているだけで学んだ気になるのでしょうね。知識を得るだけであれば、それが効率的であることもあると思いますが、結局、知っているか・知らないか、という話にすぎません。つまりビジネスの実力を高めるためには、もう一歩踏み込んだ学びが必要です。

宮内　本当に大切なことは、知っているか・知らないか、つまり知識ではないということですね。

田久保　そうです。優秀なビジネスパーソンであるかどうかは、一定の知識をベースにしつつも、そこから紡ぎ出されるアウトプットの量と質で決まると私は考えます。そのためにグロービスが最もこだわって行っているのが、ディスカッション形式の授業なのです。

宮内　ディスカッションすることが大きな学びとなり、アウトプットの量と質の向上につながるのはなぜでしょうか。

田久保　社会人が向き合う課題には正解がないというのが大きな理由です。例えば、これからある企業がとりうる施策としてA・B・Cという三つのオプションがあったとしましょう。その時、たった一人で考えて、明確に「これが良い！」という結論を出せることは、そう多くはありません。より良い解決策にたどり着くために重要なことは、人間同士の対話によって、そのアイデアをブラッシュアップしていくことなのです。グロービスの授業では、自分の意見を述べて、講師や仲間からフィードバックを受けて、厳しい指摘に悔しい思いをして、また、考えて授業に臨む……ということを積み重ねていきます。その結果、意見が研ぎ澄まされ、新たにオプションDが生まれることもあります。こうした教育メソッドは、ソクラテス・メソッド（さまざまな意見を聞いて自分の考えを整理し、結論を導き出す方法）、あるいはケース・メソッド（具体的な事例を疑似体験し、解決策を導く方法）とも呼ばれています。話すことが苦手な方でも、否が応でも人前でしゃべらざるを得ません。ただパソコンやスマートフォンに向かって、知識を得て、試験で4択から正しい解答を選べばいいという教育とはまったく異なります。グロービスは物知りな人を生み出したいわけではないのです。

宮内 そういったメソッドに、「未来に必要な人材」のカギがありそうですね。

強い好奇心、変化し学び続けること、志を持つこと

宮内 では、貴学が考える「未来に必要な人材」は、どのようなスキルを持った人物となるのかイメージをお聞かせください。

田久保　今回のお話の文脈からすると、やはり「イノベーションを起こせる人材」という回答が期待されているのかなと思うのですが（笑）。

宮内　いえいえ、ぜひ忌憚のないご意見をお聞かせいただければ（笑）。

田久保　イノベーションを起こす人材ももちろん必要です。しかし、まじめにこつこつと、行うべき定型の仕事を担う人材もまた、ものすごく重要です。みなさん、コロナ禍で嫌というほどエッセンシャルワーカーのみなさんの大切さ、ありがたみを感じたと思います。毎日バスや電車を運転してくださる人、電気やガスを供給してくださる人、お掃除してくださる人、社会の維持に絶対に必要な人材です。すべての人々がエッセンシャルワーカーに依存して生きています。人口比率においても、エッセンシャルワーカーの比率はとても高い。にもかかわらず、近ごろ必要な人材を語るときに、イノベーションを創出できる人材についてだけ言及されがちです。

宮内　おっしゃるとおりですね。では、できましたら両面からのご意見をお伺いできますでしょうか。イノベーション人材に関するご意見と、エッセンシャルワーカーに限らず、すべての働く人々の将来像の二つに関してです。

田久保　わかりました。まず前提として、エッセンシャルワーカーとイノベーション人材は、私は役割分担の問題だと思っています。決められたことを決められた形できっちりやることにやりがいを感じる方はたくさんいます。その方たちへの教育は、今までの日本の教育システムにおいて成功してきました。まじめにこつこつと、きっちり積み上げることをトレーニングしていく方向性です。ただ、よく言われる話ですが、これは高度経済成長期に求める人材像と合致していたのです。一方、今は環境変化が激しく、常にお手本がない時代です。そのときに、どういう人材が不足しているのかを考えると、やはりゼロからものを考える人、前例がないところに踏み込んでいく人が不足していると考えられます。

宮内　だから、日本はイノベーションが起こせないわけですね。

田久保　イノベーションが起こせないと言い切ってしまうと、イノベーションとは何かという定義の問題にもなるので難しいところです。新しい発明があって、世界にインパクトを与えるほどの大規模なビジネスになっていったものをイノベーションと呼ぶならば、残念ながらこの20年ほどは、確かにイノベーションと呼べるものは少ないかもしれません。しかし、もう少し長く、40〜50年くらいの期間で見てみればたくさんあります。例えばＣＶＣＣという環境負荷の少ないエンジンを作ったのは本田技研工業です。カップヌードルを作ったのは日清食品、ポータブルオーディオプレーヤーのウォークマンを作ったのはソニー、世界初の量産ハイブリッド車・プリウスを作ったのはトヨタ自動車です。

宮内　確かにそうですね。過去には、日本で大きなイノベーションは起こっていますね。

田久保　日本はイノベーション大国だと私は思うんです。しかし、この15年ほどを切り取ると「GAFAM（Google、Apple、Facebook、Amazon、Microsoft）は生まれなかった」とみんな言います。でも、スティーブ・ジョブズは、ソニーになりたかったという話もあります。日本人は自虐史観と言いますか、「日本はダメだよね」という議論が大好きですよね。

宮内　そういう傾向はありますね。

田久保　実際にはそんなことはまったくないと私は思います。近年に限ってみても、分野によってはイノベーションが起こっています。たしかに、スマートフォン周辺のサービス分野は完敗かもしれません。でも、ゲーム業界でいえば、任天堂やプレイステーションはスーパーイノベーションだと思います。NASAが採用した宇宙用汎用作業ロボット、GITAIを作ったのは日本のGITAI Japanというスタートアップです。そういう話はたくさんあります。ですから、イノベーションがまったく創出できていないわけではないけれども、もっとたくさん創出できるに越したことはないということだと思います。

宮内　とても考えさせられるお話です。話を人材に戻しますと、ゼロからものを考える人が、今後、ますます求められるということですが。

田久保　そうですね。では、ゼロからものを考えられる人材はどういう人かというと、一つ目は極めて強い好奇心がある人だと思います。好奇心を持っているから、常に新しいことに踏み込んでいけます。そしてもう一つ大事なことは、変化し、学び続けられる人であること。そして最後は、「自分はこういうことをしたい！　こうなりたい」という志を持つこと。この3点セットを備えている人が、未来に必要な人材だと思います。

日本の教育システムの問題点

受験者の希望や才能を測ることができない大学入試

宮内　そういった人材を育てるために、現状の高校、国公立・私立大学・専修学校は、その役割をどこまで果たしているとお考えですか。現教育システムの良い点、見直すべき点をお聞かせください。

田久保　見直すべき点はいくつかありますが、例えば大学入試。あるところで聞いた話ですが、マークシート式の入試を行っている大学に比べて、記述式の試験がある大学は入学志願者が少ないそうです。

宮内　記述式というと解答だけでなく、その解答に至った過程も含めて自分で表現する力が試されますね。マークシート式ではそういったところは見えませんが。

田久保　そうなんです。マークシート式でわかることは、正解を暗記することがうまい人かどうか、正解をググって探すことがうまい人かどうか。今の受験戦争によって生み出される人材はそういう人材です。でも、本当にイノベーションを起こせる人は、そもそも正解はＧｏｏｇｌｅにあると思っていないのでググらないですよね。

宮内　おっしゃる通りです。

田久保　こうした記憶力選手権のような入試によって、受験者本人がどういう個性を持ち、何を勉強したいのかということは重要視されないまま入学する人がいまだに多いのではないでしょうか。一方で、アメリカの大学入試の場合、高校時代の成績やＳＴＡのスコア等もありますが、肝はやはりエッセー、そして高校時代に何をしてきたかという活動実績です。こうなると大切なことは、人と同じ解答を選ぶ能力ではなく、人とは違う部分をまずは自己認識し、それを表現していく力ということになります。日本でも、昨今の総合型選抜の拡大の傾向などが見られますが、それは個を見るという意味で良い方向なのかもしれません。入試の話をしてきましたが、高校の教育内容に目を向けると、ばらつきはありますが、イノベーション人材を育てる教育をしている学校もあります。

宮内　イノベーション人材を育てている学校の具体例を挙げていただけますか。

田久保　いい例としては、通信制のＮ高校ですよね。従来の通信制とは異なり、生徒の自主性、興味を伸ばす方針。N高校卒業生でフィギュアスケート選手の紀平梨花さんは、世界中の大会を転戦しながら勉強も両立させていました。プログラミング教育にも力を入れ、その世界で力を存分に発揮している在校生、卒業生も多いようです。これは、好きの延長線上で能力を磨き続ける教育の好例だと思います。ほかにもこうした高校は、局地的にはたくさんあります。灘高校、開成高校、それから筑波大学附属駒場高校なども自由な教育方針でいながら、自分の興味がある分野に関しては学術論文を書いてしまうような才能が豊かな生徒が集まっていると聞きます。そうした高校の生徒が、数学オリンピックや物理オリンピック、情報オリンピックなどで世界上位を獲得しています。

宮内　そういった話をよく聞きますね。

田久保　こうした突出した才能がある生徒を歓迎する大学がもっと増えていいと思います。現状の共通テストのシステムですと、特に国立大学の場合、かなり多くの科目の点数が、平均的に高くないと、入りたい大学の入試を受けることができないということが発生します。しかし、イノベーション人材ということを考えるならば、先にも言いましたが、例えば、極めて強い好奇心を数学に対して持ち、学び続け、変わり続け、その分野で何かをなしえたいという志を持った人材を歓迎すべきだと思うんです。

キャリア教育の圧倒的な不足

田久保　もう一つの課題は、中学、高校、大学で、しっかりと時間をかけてキャリア教育をしているところが少ないことだと思います。経済産業省の「未来人材の育成」にも書かれていますが、日本では、「大学生後期に進路を決める」という学生が66%と圧倒的に多い。しかも、日本の大学生にとってのキャリアというのは、「どこに就職するか」ということがメインになってしまう。結果的に、よーいドンで就活を始めて、説明会に行って、エントリーシートを書いて、何となく内定をもらったところに何となく入るということが起こるわけです。本来キャリアとは、馬車の轍という意味です。つまり、これまでにどのような二本の線を道に刻んできたのか？　その上でこれから先、どのような二本線をつけていきたいのか？　どこに就職するかは、大事な問題ですが、キャリアを考えるというのは決してそこにとどまるものではありません。

宮内　確かに、キャリアを考える＝就職先の選定という学生はとても多いと思います。

田久保　最近ではインターンシップ制度などを導入する企業も増えましたが、まだまだ短期間のものも多く、本当に自分のキャリアを意識させるような教育システムを早期から行うことが必要だと思います。数は少ないかもしれないけれども中学卒業後に就職する人もいるわけですから、働くことの本質とは何か、中学校のうちから考えさせたほうがいい。職業を選ぶということ、働いてお金を稼ぐということをきちんと考える機会がないから、「何となく？」という状態のまま大学に入った学生ばかりになってしまう。

宮内　まさしくその通りだと思うのですが、中高生に働くこととはどういうことかを考えさせるのは、なかなか難しそうです。

田久保　おそらくキャリア教育がうまくできないのは、自分自身のキャリアをしっかり考えてきた大人が少ないからだと思います。２０２２年度から高校で金融教育がスタートしましたし、学校で教えることを嫌がる先生もいらっしゃるかもしれませんが、お給料等の話も含めて働くこと、人生を創っていくことのリアルを正面から伝えていく。そうすれば、自分は何を大学で学ぶべきかということも真剣に考えますよね。こうした教育が根づくまでは大変だと思いますが、やればどうにかなる。やらなかったら、永遠にキャリアを考えない人たちばかりの国になってしまう。それは大きな問題だと思います。

宮内　逆に言えば、これまでは考えなくても生きてこられたということなのかもしれません。

田久保　そうとも言えます。これまではキャリアのことは考えなくても生きてこられた。それでふと気づくと、40、50代になっている。

宮内　これからは考えないと生きていけない。今後、高等教育機関の役割は変化していかざるを得ないでしょうね。

田久保　そうですね。アメリカには、大学卒業生を対象にした給与に関する統計があります。これは学士、修士、博士で、全アメリカの大学の各学部における卒業生の平均給与を相当数の企業の給与データから算出しているものです。直近、学士でコンピューターサイエンス専攻だと、約7万〜7万5０００ドルが平均給与です。日本円にすると1０００万円を超えます。博士は、平均で約11万〜11万5０００ド

ル、日本円で約1500万円です。日本の会社員は「1000万円超えを目指そう」という価値観がいまだにありますが、アメリカのコンピューターサイエンスの学生は卒業してすぐにその1・5倍をもらっているんです。もちろんインフレ率、物価、そもそもの雇用に対する考え方の違いも大きいので、直接比較には意味がないという意見もあると思いますが、こうした状況下では、日本もやはり変わらざるを得なくなるでしょうね。

企業の人材育成に求められるもの

表向きは低い失業率、有能な人材は海外へ

宮内　では、貴学から見て現状の企業の人材育成についてお聞かせください。人材育成の点で、成功していると感じる点、改善しなくてはいけないと感じている点はありますでしょうか。

田久保　先ほど、アメリカの新卒学生は日本の給与水準に比べてだいぶ高いという話をしました。では、日本において、現状困った問題が多発しているのかというと実はそうでもないかもしれません。一方で、アメリカはものすごく困っています。例えばサンフランシスコに行くと、それほどきれいではないホテルでも1泊4～5万円ほど請求されます。だから、Ａｉｒｂｎｂに泊まる人が多い。そして、そういうサービスを作ろうという起業家精神も生まれやすい。日本ではとても清潔なホテルが５８００円で泊まれてしまう。サンフランシスコの起業家が、日本にいると

快適すぎて、解決したいと思う問題がクリアに見えてこないという話をしていたことを思い出します。結果的に、一部のグローバルな激しい競争にさらされている企業を除くと、「今すぐに人材育成の課題を解決しなければいけない」という危機感が薄くなってしまう。

宮内　まだそれほど深刻な危機にはなっていないということですね。

田久保　それから、日本と欧米では雇用に関する考え方が違いますね。欧米では、一定のパフォーマンスが出ない社員は、日本企業に比べると解雇される確率が高いです。そのため失業率は常に日本に比べると高いですが、能力が高ければ昇給していく実力主義でもあります。日本の会社の場合、能力の低い社員がいても、制度上解雇はしにくいため、事実上社内失業のような状況になりがちです。結果的に、表に出てくる失業統計は低くなる。しかし、能力の高い社員から見れば、同じ社に能力の低い社員がいると、その人の給与分も収益を上げなければならないのでモチベーションが下がりがちになります。会社の収益は低いが失業率も低いという社会構造に組み込まれた日本型の会社と、失業率の高さは社会問題としてとらえて、会社は収益を追求する欧米型のコーポレーション。イノベーション人材を志すような人たちは、自分の才能を生かすべく海外志向になっていく可能性は低くないと思います。

経験者採用によって異能を社内に取り入れる

宮内　優秀な人材が海外に流出しないためにも、企業は雇用形態も含めて改善していく必要があるということになりますか。

田久保　はい、その側面はあると思います。ただし、これも先ほどの話と同様になりますが、重要なオペレーションを担っている社会的な会社、インフラ会社はたくさんあります。例えばこの種の会社に関していえば、今までの仕組みで充分育成できている側面があると思います。まじめに働き、やるべきことをしっかりやる。日本の鉄道の正確さ、日本の製造業の不良品の少なさなどはまさに世界一だと思います。

宮内　それは誇るべきことですね。一方で、イノベーションという観点で考えたときはどうでしょうか。

田久保　なかなか判断が難しいですよね。例えばイノベーションに成功していると思われるアメリカの会社でも、それは企業の人材育成が成功しているからイノベーティブな人間が育っているのか、それとも事業が成功して、イノベーティブな人間を高いお金を払って採用しているのか。

宮内　確かに、そうですね。

田久保　例えばＧｏｏｇｌｅは、全米の超有名大学のコンピューターサイエンスの博士号を持っている人間が列を成して「入社させてください」と待っていると聞きます。その人たちを１００人、２００人と採用していれば、当然、面白いことが起こるだろうなと思います。とはいえ、コンスタントに高頻度でイノベーションといえる商品なりサービスなりが生み出されているのは、採用面だけでなく組織としてイノベーションを起こす仕組みが確立していることが想像できます。すなわち、採用の段階を含めて、仕組みがうまく回っているということだと思います。

宮内　来てほしい人材をきちんと採用できていて、さらに社内でもイノベーションを起こしやすい環境になっているわけですね。日本ではどうでしょう。新卒採用、経験者採用など、現雇用システムについての課題、ご意見をお聞かせください。

田久保　日本でも、最近大きく変わってきたと思うのは、経験者採用の比率が増えてきていることですね。スタートアップはもちろんのこと、トヨタ自動車のような大手も経験者採用を行うようになりました。パナソニックもＧｏｏｇｌｅのバイスプレジデントだった松岡陽子氏を２０１９年に執行役員として迎え入れています。「変わらなければ」と考えたときに、「異能を採用したい」と考える会社が多いのでしょう。今後は、ますます新卒の比率が下がって、さまざまな意味でのスペシャリストを海外の人材を含めて通年採用する動きが活発になると思います。グローバルで戦おうと思ったら、そうせざるを得ないですよね。一括採用で似たような新卒学生を大量に採用して、一括で研修をして社内システムで育てるといったことを続けていたら、エッジの効いた人材はおそらく出てこない。

宮内　そうですね。

田久保　数年前の話ですが、あるアメリカの大手ＩＴ企業は、高校生の情報オリンピックで優勝した学生に向こう３～４年間有効の内定を出したそうです。それも１０００万円に近いオファーで。「３年以内に入社してくれる気になったら、この条件でいつでも採用します」と。彼らは、高校生に対してもそういうレターを出しているのです。優秀なタレントがいたら、どこまでも追って行く。こんなことをしている企業と、日本企業も勝負しなければならないのです。

宮内　イノベーション人材の獲得に対する本気度が全然違う。

田久保　インターンシップも同様です。日本の会社のインターンは3日から1週間程度。ある日本企業の子会社で、アメリカにあるリサーチセンターでは、インターンの1カ月分の給料が7000～8000ドルだそうです。インターンに対する意味づけや位置づけ、本気度が違う。

宮内　たしかに違いますね。先ほど、中学、高校でキャリアについて教育させるべきだとおっしゃっていましたが、アメリカの学生はそうした状況下で学生生活を送っていたら、否が応でも考えざるを得ないですね。

田久保　向こうは新卒枠があるとはいえ、みんなジョブ型採用ですから、同じ大学に行って同じ学部に行って同じ勉強をしていて、さらに同じ会社に採用してもらったとしても、その部署や役割に応じて給料は大きく違います。

宮内　日本は一括採用して、会社に入ってから各部署に振り分けますよね。どの部署に行っても、初任給は一律のことが多い。

田久保　ただし、アメリカのようなジョブ型採用がすべていいかというとそういう話ではないので、単純に日本もジョブ型に変えればいいという話ではありません。

ただ、これから先、もしイノベーションやグローバルを意識するのであれば、そういう競争の厳しいところで生きてきた人たちと日本人は伍していかなければならないということです。

若者の無限の可能性を生かすために必要なこと

経済産業省「未来人材の育成」が示すもの

宮内　経済産業省が提案している「未来人材の育成」について、貴学の方針とマッチしている点があればお聞かせください。

田久保　「好きなことに夢中になれる教育への転換」「一律・一斉で画一的な知識を詰め込むという考えを改める」というメッセージには、私も賛同します。世の中が刻々と変わっているので「これを学んでおけばOK」という時代ではありません。今やっていることで10年後もまったく同じ形で生活していけるかというと、そうとは限りません。だから、よくある「英語教育が重要」「プログラミング教育が重要」という画一的な議論は、私はあまり意味がないと思うんですね。例えばプログラミングの世界でも、最近はノーコードといってコードをあまり書かずにモジュールを組み合わせて、一定レベルの仕組みを作ることができるようになっています。オンラインミーティングのシステムを使うと、英―中の通訳などは相当高い精度で実現できるようになっています。つまり、今後特定の職種の人が外国語を学ぶプレッシャーは、これまでより低くなるかもしれません。テクノロジーは日々変わっていきます。それに合わせて、人も変わっていかなければいけない。だから、学び続けられる人、変わり続けられる人であることが重要です。好きなことであれば好奇心を持って学び続けられるし、変わり続けられると思います。

宮内　では、ミスマッチしていると思う点はありますか。

田久保　あまりないと思います。やはり社会人は答えのない問いとしか向き合わない、これは間違いないことですので、『探究力』の鍛錬」を打ち出しているのは大いに意味があると思います。そして、「探究力」、すなわちゼロから考えられる力を付けていくには、前半でもお話ししましたが、人間と人間のせめぎ合いが必要です。それによって、人間は磨かれ育っていくものだと思います。

宮内　対話、議論を積み重ねていくことで磨かれていく。

田久保　ただし、議論をするためには知識が必要です。そこにはＡＩが解析したデータを用いることもあるでしょうし、知識を効率的にインプットするためには動画を見るなど、テクノロジーの力を使うことはあるかもしれません。ただ、知識はあくまで議論のベースになるもの。大事なことは、その知識を使って自分は何をどう考えたのか、あなたの意見は何か、といった議論を尽くしたときにだけ得られるものがあることを忘れてはなりません。一方で、ビジネス上の課題にはゼロから考えずとも、今までの経験やパターン認識で片付くものもあります。そのような課題をゼロから考えていたら時間が足りません。効率的にどんどん片付けていくことが必要です。そのための知識や経験は必要でしょう。ですので、「未来人材の育成」が打ち出している「学び手は、『知識』の習得と、『探究力』の鍛錬、という二つのレイヤーの間をらせん状に循環する」という点に賛同します。

変わり続けることが当たり前の社会で生きる

宮内　貴学が、高校生や高校生と関わる教育関係者に送りたいメッセージをお聞かせください。

田久保　若いみなさんの可能性は無限大だとお伝えしたいですね。その無限の可能性を生かすために、さまざまなものを見て、さまざまな人に出会って、さまざまな本を読んで、そしてはっきりと決める必要はないけれども、おぼろげながらでも、自分の本当にやりたいこと（志）やキャリアを考えることが大事だということは理解してほしいですね。

宮内　やりたいことやキャリアは、高校生はもちろん、大学生でもなかなか見つけられないという人は多いですよね。

田久保　深くキャリアを考える、キャリアについて友だちとディスカッションをする、大人と対話をするといったことがないままに、就職時期になってしまう人は多いでしょうね。だから、早いうちから考えてほしい。考えるにあたって早すぎるということはありません。キャリアは生きていく上で何をするにしても関わることですから、結論が出なくても考えること自体が大切。これだけは忘れないでいただきたいです。

宮内　キャリア教育を提供できる大人が少ないというお話でしたが、その点に関しては貴学で今輩出している人材が補完するということは可能ですか。

田久保　グロービスは、「能力開発」「人的ネットワークの構築」「志の醸成」この三つを教育理念としています。もう嫌というほど自分の生き方、キャリア、志を考えざるを得ない状況に追い込まれた人たちが、毎年1000人ぐらい輩出されているので、その経験を例えば地元の小学校、中学校などのキャリア教育でお話ししたり、自分の会社の後輩たちに伝えていったりできたらいいですね。それは、グロービスを卒業した人たちが社会に提供していってほしい価値だと思います。

宮内 キャリア教育ができる人材が増えれば、キャリアを考える機会も増えていくということですね。

田久保 自分のキャリアを見据えた上で、イノベーション人材を目指してもいいし、インフラを支える人になってもいいし、エッセンシャルワーカーの道を選んでもいい。ただ、単純なオフィスワークやそれに類する仕事は、今後ますます機械とＡＩにとって代わられるでしょうから、採用機会はおそらく数としては減っていくというプレッシャーは増すと思います。一方で、福祉など、実はなかなか機械に置き換えることが難しい業界は成長産業といえます。そういう分野を担っていく人材も重要です。

宮内 そういった世の中の動きを知ることもキャリア教育の一環として必要なことだと思います。

田久保　そうですね。そして、確実に言えることは、今の若い人たちが、一緒に働いていく、もしくはある意味でライバルになるのは、中国の方だったり、インドの方だったり、アフリカの方だったり、国境を問わないということ。現在でも、日本の会社といいながらも、直属の上司やミドルマネジメントに外国籍の人たちがたくさん入っていることが当たり前になっています。イノベーション人材に目を向ければ、この点はよく認識しておくべきだと思います。

宮内　働く環境はますますグローバルに大きく変わっていくでしょうね。

田久保　はい、大きく変わると思います。でも、改めて考えてみてください。今起こっている環境変化は未曽有のことのように言われているのですが、明治維新の変化の方が大きかったかもしれないですし、さらに言えば、太平洋戦争後の日本はすべてを失いマイナスからのやり直しでした。そう考えると、今の変化は本当に大きいのだろうかと疑問に感じたりすることもあります。「昨年まで売れていたものが、今年は全然売れなくなった」というと昭和世代はびっくりしますが、若い世代からするとそれが当たり前。「世の中ってそういうものですよね」と思っているはず。だから、若い人の可能性を信じることが何よりも大切で、それほど心配しなくてもいいのかもしれないです（笑）。

宮内　変わっていくことがすでに当たり前の社会になっているということですね。

田久保　その通りですね。しかし、最後にお伝えしたいのは、本質的に変わらないものもあるということです。友だちの大事さ、コミュニケーションの大事さ、礼儀など人としてあるべき姿、自己理解を深めること、「志」を持つことなど。そういった人間の本質の部分、譲れない部分、譲らないほうがいい部分は、「こういう時代だから仕方がない」と言わずにしっかりと、学生のみなさんに伝えてあげてほしいと先生方に対して思います。

Special Interview **03**

求められる人材と高等教育機関

■ **経済産業省「未来人材会議」座長**
東京大学大学院経済学研究科
教授　柳川 範之氏

中学卒業後、父親の海外転勤にともないブラジルへ。ブラジルでは高校に行かずに独学生活を送る。大検を受け慶應義塾大学経済学部通信教育課程へ入学。大学時代はシンガポールで通信教育を受けながら独学生活を続ける。大学を卒業後、東京大学大学院経済学研究科博士課程修了。経済学博士（東京大学）。主な著書に『法と企業行動の経済分析』（第50回日経・経済図書文化賞受賞、日本経済新聞社）、『40歳からの会社に頼らない働き方』（ちくま新書）、『東大教授が教える独学勉強法』『東大教授が教える知的に考える練習』（草思社）などがある。

聞き手：マイナビ進学総合研究所　宮内章宏

将来的に求められる「未来人材」とは

社会が変化するなかで、必要とされる人材も変わっていく

宮内　柳川先生は現在、東京大学大学院経済学研究科の教授であり、経済産業省が主宰する「未来人材会議」のメンバーでもいらっしゃいます。そこで最初に「未来人材会議」がどのような組織で、何を目指しているのかということからお伺いしたいと思います。

柳川　デジタル化の急速な進展や脱炭素化の世界的な潮流は、社会や経済構造を大きく変えつつあります。そして変わっていく世界のなかでは、求められる人材像も変化していく。この先の時代に求められる人材には、これまでの日本企業を支えてきたものとは異なる能力や特性が必要になることが予想されます。そこで「将来的に重要なのは人材育成である」という考えから、未来の人材の在り方について議論するために経済産業省が立ち上げたのが「未来人材会議」です。

宮内　柳川先生はそこで座長を務めていらっしゃいますが、委員として参加を打診された理由を、ご自身ではどのように考えますか。

柳川　ここ10年ほど、私の研究テーマは人材育成やリカレント教育（一度社会に出た人が再び学校などの教育機関に戻ることができる教育システム）などで、そのなかでは人材育成に関する政策の在り方に関しても議論していました。また、過去には政府主導の「教育再生実行会議」の高等教育ワーキング・グループに参加していたこともあり、お声がかかったんだろうと思います。委員には私のように教育に携わる研究者のほかに、日立製作所の東原敏昭会長兼ＣＥＯやディー・エヌ・エーの南場智子会長といった、企業側の事情に詳しい方々も名を連ねています。

宮内　会議のキーワードである「未来人材」という言葉を、国としてはどのように捉えているのでしょうか。

柳川　会議がスタートした段階では、「未来人材」に関して明確な定義があったわけではありません。ただ将来的に求められるのは、ＡＩの発達やデジタル化といったテクノロジー分野の発展のみならず、環境問題に関する意識の高まり、あるいは国際的な政治情勢の不安定化など、現在、進みつつある社会や経済構造の変化に柔軟に対応できる人材であることは間違いない。そうした人材を日本国内でどのように育てていくか。そのために必要なことは何か。まずはそうした大きなビジョンを議論しようというのが会議の目的でした。

宮内　現状でも、デジタル人材やグリーン人材の不足という問題は顕在化しています。「未来人材」という言葉からは、こうした能力を持つ人材というイメージをまず思い浮かべてしまうのですが、そういう限定的な話ではないのですね。

柳川　確かにデジタルがわかる人や、プログラミングができる人が少ないことは、すでに見えている課題ですし、将来的には今以上に必要とされることも明白です。ただし、この問題は例えば小中高校のカリキュラムでカバーしたり、大学に補助金を付けてプログラミングの講座をつくったりといった局所的な対応が今進んでいます。それよりもこの会議で目指したのは、もう少し先を見据えた大きな議論でした。

宮内　「未来人材」はこういう人、と一言で定義するのではないということですね。

柳川　むしろ、「具体的にこういうスキルを持っている」「こういうことができる」といった型にはめたり、決めつけたりしないようにしたところに、この会議の特徴があったのではないかと思います。私を含め委員のみなさんが、おそらくそういう意識を持っていた。刻々と変化していく事象に対応していける人材を育てるために、学校教育や企業の在り方はどういう姿を目指せばいいのか。そこで目指すべき方向性と対処すべき処方箋を考えることが、この会議の主目的だったといえます。

重要なのは「自分の頭で物事を考えられる力」

宮内 柳川先生は、刻々と変化していく社会に対応していける人材というのは、どういった資質を持った人だと思われますか。

柳川 具体的なスキルや能力はさておき、「自分の頭でしっかりと物事を考え、未来を切り拓いていく力がある」ということは、とても重要だと思っています。しいていえばそれを「未来人材」と呼ぶのかもしれませんね。

宮内 中間報告として発表された「未来人材ビジョン」には、〝デジタル化・脱炭素化という大きな構造変化は、人の能力等のうち、「問題発見力」、「的確な予測」、「革新性」をより強く求めるようになる〟と書かれていましたが、まさにそういうことですね。

柳川 だからこそ、これはよく言われている話ですが、これからの学校教育では正解を見つける能力ではなく、自分で課題を見つけて、その課題を自分なりに解決していける能力を育てることが求められているのです。

宮内　今の教育現場では、子どもたちにそういう力が不足しているという実感はあるのでしょうか。

柳川　だいぶ変わってきているとは思いますが、まだまだ、そういう人材が充分には生まれてこなかったり、いたとしても活躍できなかったり、そんな環境だと思いますね。その原因の一つが、現在の入試を中心とした試験のシステムです。最近はいろいろな課題について自分の考えを記述するような問題もつくられるようになりつつありますが、やはり暗記中心で、いかに早く正解を出せるか、ということにかなりの労力が割かれている。入試というこの高いハードルがあるため、結果的に初等・中等教育までもが引きずられて、自分の頭で物事を考えることよりも、とにかく点数が取れることが重要視されてしまう。このことは自分で課題を見つけてそれを解決していったり、新しいことに意欲的にチャレンジしたりする人材を作り出すうえではマイナスでしょう。

宮内　初等・中等教育の段階から、考える力が育ちにくい教育システムだということですか。

柳川　これは学校教育だけの問題ではなく、同様に企業側も抱えている問題です。実際に企業で働いている人たちの大部分は、仕事のなかから自分で課題を見つけて道を切り拓いていこうというよりは、上司から言われたことを正しく間違いなくこなすことを重要に考えている。それが会社から求められているからです。会社のなかで、「自分の仕事はどうあるべきか」ということを自分で考える人材というのはかなり少数でしょう。けれど、そういう状況ではなかなか企業の業績は伸びていかないし、個人の能力も伸びていきません。

宮内　「自分の頭で考えられる人材」の育成にあたっては、学校側も企業側も問題を抱えているということですね。

柳川　「未来人材会議」は経済産業省主導の会議なので、議論の主題はどちらかというと、企業のなかでの人材育成をどうするかという話になっていきます。ただ、やはりそこだけ考えていては日本全体が抱える問題の解決にはならないよね、ということで、学校教育全体に関しても改革の方向性を示せないだろうかという議論が行われました。ただしそこで「学校教育の課題はこう」「企業側の課題はこう」と

完全に切り分けて論じるのではなく、むしろこの二つをつなぐところに大事な課題があると考えたんです。卒業して働き始めたらもう学校は関係ないという話ではなく、社会に出て働いていても必要があれば教育機関で再び学べる環境をつくる必要性があるのではないか。このように教育現場と企業の間にブリッジを架けることが重要だというのが、我々の結論でもあります。

教育システムと雇用人材育成は一体的に議論するべき

教育現場にもっと「多様な生徒」を

宮内　「未来人材の育成」には、教育現場と企業との連携が必要であるということですが、そこへ向けての課題は見えているのでしょうか。

柳川　まずは日本の高等教育機関というのは、例えば、大学は高校を卒業した若者が来る場所である、という意識がとても強いんですね。だから世代的に限られた人しか学生としてその場にいない。社会人講座を開いている大学も多いですが、それはある種、趣味講座的なものとして区別されがちです。けれど本来、高等教育というのは、社会で経験を積んだ人が新たなキャリアアップのために学び直しをしに来るところでもある。そういう多様な人たちと一緒に学ぶことは、高校を出たばかりの若者たちにとっても大きなメリットがあります。

宮内　座学ではなかなか得られない、生きた知見が得られる機会ということですね。

柳川　そうなんです。例えば経営戦略に関して学部生でディスカッションをしましょうという話になっても、そこにいる学生たちは当然、誰も経営に携わったことなどなく、経営のケの字も知らない。せいぜいバイトで現場リーダーをやったことがあるくらいの経験値の人たちが、「こういう経営は良くないだろう」「こういう経営はいいんじゃないか」と議論しているわけです。

宮内　言われてみればその通りですね。机上の空論ではある。

柳川　もちろん、それにまったく意味がないとは言いませんが、そこに一人でも二人でも社会に出て働いた経験のある人が入っていると、そのディスカッションはかなり違うものになる。「実際の現場はこんなもんじゃないよ」とか、「もうちょっと泥臭いところで苦労してるんだ」とか、そういう話は学生にとって非常に重要なインプットだし、大きな学びにもなる。本来、高等教育というのはそのように多様な人材がさまざまな議論をしたり、互いに学び合ったりしてこそ価値を持つものだし、そういう場であるべきだと私は思うんです。

宮内　先生が研究テーマにされているリカレント教育にもつながる話ですね。

柳川　はい。教育現場にとって大きなプラスになると同時に、人材育成という観点において企業側にとっても有益です。私はもう長いこと大学で教えているんですが、OBやOGに会うとみな、「今になって、もう一回先生の授業を受けたいと思う」と異口同音に言うんです。学生時代には学んでいることの重要度がわかっていなかったけれど、今、改めて学べば理解度も高まるし、役に立つことも多いはずだと。

宮内　その気持ちは本当にわかります。社会人になってからだと、学生時代よりも授業内容が深く理解できるようになると思いますから。

柳川　これからの企業の人材育成において、高等教育機関で学び直すことは重要な役割を持ちます。ですから今後、企業側には学びの場に人材を送り出す機会を増やしてほしい。また学校側には、学び直しの教育をいわゆる「社会人教育」として別枠にするのではなく、通常の学校教育と一体のプログラムとして整備していってほしいと思います。

教育機関はキャリアアップにつながるプログラムを提供できているか

宮内　お話を伺っていると、企業は学校に人材を送り、学校側はそれを受け入れるということで、比較的スムーズに話が進みそうな気がしますが、実現に向けてのハードルは何かあるのでしょうか。

柳川　大きく二つ、あると思います。まず一つは企業側の問題。今まで企業の人材教育というのは、主に社内教育、社内訓練でスキルを身に付けさせるというものでした。外の学校に行って学んだところで、それが実際の仕事現場で何の役に立つの？という意識が強かったんです。しかし現状、そうした社内教育の限界が、いろいろと可視化されてきている。そこで、本来なら企業側から、もっと高等教育をキャリアアップに利用しようという動きが出てこないといけないんですよ。

宮内　それが出てこないということは、企業側の意識がまだあまり変わっていないということですね。

柳川　もう一つは、「学び直しによるキャリアアップを」といったときに、それに対応するような教育プログラムを学校側がまだ充分につくれていないということ。例えば30代、40代の社会人経験のある人が学んで、きちんとキャリアアップにつながるような教育プログラムとはどういうものなのか。そのことを高等教育機関の側でも、もっと考えるべきでしょう。私も教育側の一員ですので、自戒も込めてそう考えています。

宮内　ここでいう「キャリアアップにつながる学び」というのは、いわゆる職業訓練的な、即効性のある技術や知識を身に付けるということではないですよね。

柳川　それはそれで大切ですが、それよりもむしろ私は、社会人にとっては高等教育機関が大事にしてきた基礎学問や人文科学、社会科学といった、直接的には役に立つようには思えない分野をしっかり学ぶことこそ大切だと思います。例えばハーバード大学の社会人向けプログラムでは、「あなたたちは何のために生きているのか」といった哲学的なテーマでディスカッションをさせたりする。「どうやったら儲かりますか」といった即効性のある話ではなく、もっと本質的な学問に触れることこそ、シニアの学びの重要なポイント。そういうことを改めて考え直すことは、「自分の頭でものを考える力」を育てることにもつながりますから。

企業側もキャリアアップに必要なスキルを明確にする必要がある

柳川　キャリアアップにつながる教育プログラムをつくるにあたって、企業側にも解決してほしい課題があります。それは企業において「どのような能力が社内でのキャリアアップにつながるのか」ということが、ほとんど明確にされていないという問題です。具体的に何らかの資格が必要な場合は別ですが、それ以外は、どこで何を勉強してどんな単位を取れば企業内で次のステップに進めるのかということがわからないんですよ。

宮内　キャリアアップのための具体的な道筋が見えていないことが、学び直しにとっての大きな課題というわけですね。

柳川　「社内のポジションと、そこに就くために必要なスキルセット」が明確になっておらず、何となくリーダーシップがあって性格のいい人が出世していく。そういった漠然とした状況では効果的な学び直しは難しい。さらにこの問題は社内の人材教育だけでなく、経験者採用にも関係してきます。自分の持つスキルセットが、相手企業のニーズにどうマッチしているのか、あるいは何が足りないのかが見えにくい。もちろんそれを完全に言語化するのは、なかなか難しいことだとは思いますし、仕事においては人柄や目に見えない能力のようなものも大切です。しかし、それを加味したとしても、見通しがまだまだ悪すぎる気がします。

宮内　この「ポジションとスキルが明確に提示されていない」というのは、日本の企業独特のことなのでしょうか。

柳川　そうですね。日本の企業は基本、長期雇用で内部昇進が中心だったので、そこを明文化しなくても良かった。もちろん、単に人柄がよければ出世できるというわけではなく、社内の人事担当者たちは「我が社のこの役職には、こういった能力が必要である」という認識をなんとなく共有してきたのでしょう。多くの企業にとって、それが論理的に説明しにくいこともわかります。ただし、それで会社がうまく回ってきたのは、これまで終身雇用が基本で、社内で人材を動かす内部労働市場が中心だったから。そういうことをやってきたのが日本だけとはいいませんが、先進国の中では少なく、日本はかなり特徴的です。しかし近年、働く人が企業から企業へと転職するのは当たり前になってきています。そうなると自社のこのポジションにはどういう能力が必要か、ということをしっかりと定義し、外からもわかりやすく表明していく必要がある。今はその過渡期なのだと思います。

宮内　それはある種「日本型の雇用システムからの転換」ということですね。企業側も最初は苦労するかもしれませんが、長い目で見ればメリットになりそうです。

柳川　これから先の時代、企業も純粋に内部昇進だけでやっていくことはほぼ不可能ですからね。もちろん実際にそれを定義するのは大変な作業だと思います。けれ

ど、それがきちんと明文化できれば転職もしやすくなるし、リカレント教育も進めやすくなる。企業側がポジションと必要な能力を明確にし、高等教育機関側はそれをふまえてキャリアアップにつながる教育プログラムをしっかりつくっていく。その結果、いい人材を高等教育機関の中で育成し、活躍の場に送り出すという、教育システムと雇用人材育成の理想的なリンクが実現できるのではないでしょうか。

「未来人材」の育成に関して高等教育機関が担うべき役割

学校教育で身に付けた価値観が、社会全体の方向性を左右する

宮内　ここまで、社会の変化に伴って人材教育も変化するべきだというお話を伺ってきました。さらにその先、人材の質が変わっていくと、社会全体も変わっていくと思われますか。

柳川　これはあくまでも私個人の意見ですが、「社会」とは、そこで生きている一人一人の人間がどう働き、どう生活をしていくかということの集合体だと思うんです。日本で生きる我々一人一人が何を大切だと考え、どういう方向を向いて生きていくか。そうした個々の価値観が社会全体を形成しています。ですから、一人一人が持つ能力や目指す方向性や価値観が変われば、社会は変わっていく。では、そういう価値観や能力を育てるのは何かというと、それはやはり教育だと思います。

宮内　教育が社会に与える影響、日本の未来に与える影響はとても大きいと。

柳川　高等教育機関だけでなく、初等・中等教育、あるいは物心がついたときからいろいろなことを学び、自然と価値観を身に付けていく。例えば我々日本人は、子どもの頃から漢字を書く練習をしますよね。小学校では、点が一つ多いとか少ないとか、とめ・はね・はらいといった細かいところまでちゃんと身に付けなさいと厳しく教えられます。

宮内　たしかに学校では「正確に書くこと」が重要視されますね。

柳川　意味を伝えるという点では少し間違っていても問題ないのに、書き順や、とめ・はねの正しさにこだわる。そういう教育は漢字を正確に覚えること以上に、日本人の几帳面さや細かいところまで正確にしたいという価値観を育てていると思うんです。ひいてはそれが日本の社会風土に大きな影響を与えている。これが「はねてもはねてなくても、意味が通じればどちらでもいいよ」という教育だったらどうなるかなと思ったりしますね。どちらが良い悪いという話ではありませんが。ともかく学校教育というのは教える内容そのものだけでなく、何を大事だと思うかという感覚も育てるもの。学校で何を教えて、何を大事だと伝え、何の能力を身に付けさせるか。それによって社会は変わっていくものだと思います。そういう意味で学校教育が持つ価値観は、社会全体を左右するといえるでしょう。

学校は、アイデアを出せる人をもっと評価するべき

宮内　今の日本の教育は「正解を出すこと」を重視しすぎている、という話ともつながりますね。

柳川　教育現場は「正解をきちんと出せて100点を取れる人が偉い」という価値観から離れ、自分でアイデアを出せたり、面白いことを考えられたりする人をもっと評価するようにしていく必要があると思います。

宮内　それこそ将来的に求められる「未来人材」はそういう人ですよね。

柳川　現状でも、企業側は明らかに「アイデアを出せる人材」を欲しがっています。言われたことを正しく間違いなくやるだけであれば、AIやロボットで事足りると。ところが学校教育側が、そういう人材を育てられるようなカリキュラムになっているかというと、まだまだです。

宮内　大学でそういう人材を育てるためには、カリキュラムのどこを変えていったら効果的なのでしょう。現段階で先生が構想、あるいは実践していらっしゃること

はありますか。

柳川　まずは少人数のディスカッションをもっと大事にすること。ディスカッションというのは何が正しいかを競うものではなく、異なる経験や価値観を持つ人と意見を交わすことで、それぞれが思考を深め、考える力を培うものです。学校教育の場では、一つわかりやすい答えがあって、そこに誰が一番早くたどり着けるかを競うのではなく、多様な価値観のなかで議論して自分の考えを深めていく訓練がもっと行われるべきだと思いますね。先ほど申し上げたように、そこに社会人が加わればさらに議論は深まるでしょう。それからもう一つは、新しいことへのチャレンジ。私は自分の学生には、起業を勧めているんです。

宮内　それは卒業する前に、ということですか。

柳川　そうです。学生時代は学びの期間だから社会にはタッチせず、卒業後初めて社会にコミットするのではなく、学校にいるうちから起業経験をしてみるのもいいよ、と。ほとんどの場合うまくはいかないんですが、ある種、それ自体が学びになるんです。社会に出るという学びも含めて学校で学ぶ、といったところでしょうか。

宮内　起業自体に意味があるというよりは、学生時代に「新しいことにチャレンジする面白さを学ぶ」ことに意味があるんですね。

柳川　面白いことができる人材を育てるために、「面白いことをやった方がいいよ」とひたすら言い続けても無駄で、一番効果的なのは実際に面白いことをやらせることだと思うんです。自分が思うアイデアを具体化するチャレンジを通じてこそ、新しいことを生み出していく能力や課題を自分で見つけていく能力を見つけられる。もちろんこれらがすべてとはいいませんが、大学教育で「アイデアを出せる人材」「面白いことができる人材」を育てるためには、スモールクラスでのディスカッションと、新しいことを実際にやらせてみること。この二つが大切だと思います。

「卒業」にどのような意味を持たせるか

柳川　高等教育機関で身に付けるべき重要な能力は「自分で課題を見つけ、それを掘り下げて考え、解決していける力」です。ところが理想と現実には、まだまだギャップがある。そこを埋めるために学校側でできることの一つが、入試より卒業に意味を持たせることです。学生が何を、どう学んだかをしっかりクオリティーコントロールしていく。その重要性は昔からいわれてきたことですが、今後はこれまで以上に重要になってくると思います。

宮内　暗記中心の入試が孕む問題については前にもお話しいただきました。現状の入試では、どうしても「考える力」の有無でふるいにかけにくい。かといって入試制度改革といった話になると、国の制度変更にも関わってくるので簡単にはいかないということですね。

柳川　本質的には入試そのもののあり方を考えることは重要ですが、おっしゃるとおり国の制度に関わる問題なので、時間がかかる。それに比べて、卒業に意味を持たせることは高等教育機関側で工夫できることですから。とはいえ、実はコロナ禍を経て、意外なところから入試方法を変えられる可能性が生まれました。それがオンライン授業です。そもそも学校が入学試験をする一番の理由は人数制限なんですよ。教室のキャパシティーには物理的に限界があるので人数を絞らなければいけない。さらに、そこに集まる生徒たちの学力にあまりにばらつきがあると授業が進めにくいので、単なる抽選ではなくテストで学生を選抜するわけです。ところがオンライン授業であれば、席数に制約がないので人数を絞る必要がありません。そこで、一発勝負の入試ではなく、希望者はオンラインで授業を受け、そのなかできちんと能力を示すことができれば単位が取れる。これがある種の入試の代わりになって、そこで十分な単位数がそろった人だけ、少人数の対面授業に参加を許される。こういう形にすれば、授業で少人数のディスカッションもきちんとできて教育のクオリティーも上がり、最終的に対面授業にまでたどりついて、卒業できた人に価値が出るわけです。

宮内　これは、実現すればコロナ禍の意外な副産物になりますね。

柳川　プロフィールを読んでいただくとわかるのですが、実は私は高校にはまったく通っていなくて、大検をとって、慶應義塾大学の通信教育課程を卒業しているんです。慶應の通信教育というのが、基本的にこのパターン。通信教育で教室のキャパに限界がないため、かなり簡単に誰でも入学、受講ができるんです。そのかわり試験が難しくて、卒業が厳しい。そんな自分自身の経験もあって、オンライン授業が始まったときに、一般の大学でもこのやり方が応用できるんじゃないかと。そのためには学校側が単位認定と卒業認定の段階で、きちんとクオリティーコントロールができる仕組みをつくらなければいけませんが、可能性はある。

宮内　現在はいわゆる一般入試だけではなく、過去にＡＯ入試と呼ばれていた総合型選抜や学校推薦型選抜など、大学への入り口も多様化しています。国立大学では、こうした選抜型の合格者数を最大で定員の5割まで認めていることもあり、卒業までのクオリティーコントロールというのは現状でも学校教育側の大きな課題だと思います。

柳川　一方で、これは企業側の採用のあり方にも関わる問題です。「とにかく大学を卒業さえしていればいい」といった採用を企業側が進めている限りは、なかなか卒業を意味があるものにはしにくい。企業も優秀な人材を必要とするならば、今後は採用の仕方についてもしっかり考えていくべきです。

宮内　やはり未来の人材育成を考えるためには、企業と高等教育機関が連携していくことが重要なのですね。

社会システムの変化とZ世代の今

変化のタイムリミットは

宮内　未来人材会議の中間報告として提出された「未来人材ビジョン」では、未来を支える人材の育成に向けた社会システム全体の見直しの指針として、「旧来の日本型雇用システムからの転換」「好きなことに夢中になれる教育への転換」という二つの方向性が提示されていました。さらに、それぞれに関してかなり具体的な案も示されていますね。

柳川　この会議では、短期的に見るものと、中期的に見ていかなければいけないもの、長期的に考えなければいけないこと、というように時間軸を分けて、できることと、やるべきことに関してさまざまな議論をしてきました。まだ実際に何かが変わったということではないのですが、ここで「具体策」として提示された案のなかには、改革プランが進んでいるものもあります。

宮内　具体的に進んでいるのはどういった案なのか、差し支えなければ教えていただけますか。

柳川　例えば「好きなことに夢中になれる教育への転換」の具体策⑤「大学・高専等における企業による共同講座の設置や、自社の人材育成に資するためのコース・学科等の設置を促進すべきである」や、「旧来の日本型雇用システムからの転換」の具体策として提示されている「インターンシップの適正化を図る一方で、学生の就業観を早期に培い、インターンシップを積極的に活用する仕組みに変える」「新卒一括採用だけでなく通年採用も並列される社会への変革」といった、採用と学校教育とをつなぐ部分などに関しては、政策や法律改正、制度改正などが進みつつあるものもあります。

宮内　今回、先生のお話を聞いて、人材育成のためには、社会システムそのものを変えていく必要があることを痛感しました。そして、そうした大きなシステムを変えていくには時間がかかるということもよくわかるのですが、世界情勢などを見ていると、今の日本は変化のタイミングとしてかなりギリギリのところにいるような気がします。先生は、例えばあと10年以内に日本はどれくらい変化できると思っていらっしゃいますか。

柳川　本来、「未来人材ビジョン」で提示したような話は、できれば5年、遅くとも10年以内に実現していかないと世界の変化についていけなくなると思います。ただ、おっしゃるように社会のシステムを変えるのはとても難しい。入試の仕組み一つを変えるにも、それまでに受験勉強してきた人が不利益にならないように、すでに改革の方向がまとまっていたとしても、まずは5年先にこういうふうに変わりますよとアナウンスして、具体的に変わるのは5年後というような形で、社会が不安定化しないように動かしていく必要があります。

宮内　確かに、「来年から入試の仕組みを変えます」というわけにはいかないですね。

柳川　社会を変えるには時間がかかる。そのためには具体的にシステムを変えるのが先であっても何年後かにこういうふうに変わります、ということをできるだけ早く決めて、それを広く知ってもらうことが大切なのですが、なかなか難しい面もあります。むしろ、変化は学生の意識の方で先に起きているかもしれません。少なくとも私の大学では、終身雇用のつもりで企業に就職するような学生はほとんどいなくなりましたし、就職後もどこかで学んでスキルアップをしながら働いていかなければいけないという感覚の学生も随分増えてきました。兼業や副業についても、以前、私が企業の人事の方にお話ししたときには、「何それ?」といったような反応でしたが、今では企業の側が兼業や副業を促進するようになっています。そういう意味では、ここ10年でいろいろなものが変わってきてはいる。ただ、おっしゃるように世の中の変化も急速なので、そことのギャップがなかなか埋まらないのでしょう。

宮内 まずは自分たちの意識から変えていく、ということも必要かもしれませんね。

いいエビデンスを積み重ねることが、人々の意識を変えるきっかけになる

柳川 意識を変える方法は二つあって、一つは、外側からの大きな要因=例えばこれまでとまったく異なる方向の政策提言だったり、天変地異のような大惨事だったりがもたらされて、それによって人々の意識がガラッと変わること。けれどそれはなかなか難しいので、結局、人々の意識を変える方法は、少しずつ成功体験を積み重ねていくことしかないんです。例えば東京大学では、大学発のベンチャー起業数が増えていますが、それは研究と平行して外部のベンチャー企業などと連携し、学生たちの起業をサポートしてきた松尾研究室の活動がいいエビデンスを積み重ねて

きたことが影響しているでしょう。

宮内 松尾研究室では、さらにベンチャー企業100社の輩出を目指す〝起業クエスト〟というプログラムをスタートさせていますね。

柳川 実際に起業した学生や、失敗してもその起業経験がいい就職につながったりする姿を見て、「いきなり大企業に就職しなくてもいいんだな」「チャレンジして、失敗したとしてもその先にはいくらでも別のパスがあるんだな」と実感することで、学生たちの意識も変わっていく。学校教育も全部一気に変えるのは難しくても、少し特別な学部や特別なクラスをつくってみる。いきなり入試を一切廃止するのは無理でも、一部の学科だけがチャレンジしてみて、いい結果が出たら少しずつ広げていく、という方法でいいんです。それを学生や学校が認識できれば、少しずつ変化が生まれていくはずです。

オンライン授業を倍速で見る学生たち

柳川 変化という意味で感心するのは、若い人たちの情報処理能力ですね。コロナの影響でオンライン授業が増えましたが、学生たちのほとんどは、その授業のビデオを1・5倍か倍速で見ているんです。通常速度で見ている人は、今、ほとんどいないと思いますよ。下手をすると、倍速で見ながら、片手でSNSをやっている。それをどう評価するかということですが、私はある種の「進化」だと思っているんです。古い価値観がちらついて、先生の授業を片手間に、しかも倍速で聞くなんて！という気持ちもゼロではないです。こっちは一生懸命しゃべってるんだから、と思うこともありますが、でも、半分の時間で情報が処理できて、知識がきちんと頭に入るのであれば、倍の時間を使う必要はない。だから私は内容が理解できて、知識が身に付いているのであれば、倍速で見ても全然構わないと言っています。

宮内　若い世代には、それができる人たちがだんだん増えてくるのでしょうか。

柳川　増えてくると思います。当たり前のように倍速で聞いて、さらに倍速の映像を二つ同時に見て、両方とも理解することができるようになっていくかもしれない。それは、人間の能力の進化です。特殊なミュータントが現れて100mを5秒で走れるといった形の進化は人間にはおそらく起こらないんですけれど、倍速ビデオを二本同時に見て理解できるというのは、極端にいえば、脳の使い方の進化としては100mを5秒で走れるようになったくらいの進化ではないかと思います。

宮内　それほど単純ではないと思いますが、そういうふうに変わってきた理由は何なんでしょう。

柳川　物心ついたときからスマホがあったということは、ひとつ大きな理由だと思います。まだスマホが存在しなかった私の世代が子どもだった頃と、いわゆるデジタルネイティブの子どもたちとでは、手に入る情報や使えるツールがまったく違う。それは知識や情報の取得の仕方が違うというレベルではなく、質的な違いがあると思います。わかりやすい例を出すと、藤井聡太。彼は練習や研究にＡＩ将棋を活用していて、今はもうＡＩ対人間というフェーズではなく、ＡＩを活用して人間がいかに強くなるかの段階だ、と話しています。もちろん天性の能力も圧倒的でしょうが、今の藤井聡太があるのはＡＩ将棋があってこそ。そういう意味で、いわゆるＺ世代が活用できるツールのレベルと質の広がりは、もの凄く大きいと思います。

宮内　わからないこと、知らないことをその場ですぐに調べられるというのも、スマホ以前との大きな違いですね。

柳川　昔は知識をたくさんインプットしておくことが重要だったし、それを教養と呼びましたが、今は違う。手の中にスマホがあって、いくらでも調べられるわけですから、もっと別のところに脳味噌を使えばいいんです。情報のインプットよりもむしろ、それらを大局的に見たり、情報をいかにつなげたりできるかが重要。まさに「自分の頭で物事を考える力」が必要なんです。

Z世代の可能性と今後の展望

宮内　今の学生さんたちは、自分たちの将来に対してどのような思いを抱いているのでしょう。やっぱり「この先、大変だろうな」という意識でしょうか。

柳川　それはあると思いますね。何が起こるかわからない世界ですから。ただ、今より少し前の学生たちは将来に閉塞感を抱いていた。それは「この先も今と変わらない未来しか待っていないだろう」という、日常がずっと変わらずに続いていくことへの閉塞感です。80年代、90年代の若者にとって未来は大きく広がっていくものでした。その後、経済がだんだん低成長になり、いわゆるデフレ社会になっていき、00年代の若者たちには、良くも悪くも現状が続くだろうという閉塞感が生まれていった。ところが今の若者たちは、自分の一生が現在の延長線上にずっとあるだろうという感覚を持つ人が少なくなってきている。そこにはコロナ禍の影響があって、むしろ悪い方へ変化していくのではないかという漠然とした不安感なのかもしれません が、少なくとも閉塞感はない。そういう意味で、Z世代の価値観や、知識や情報の吸収の仕方は、これまでの世代と比べてかなり変わっている。私は、そこにはとても大きな可能性があると思っています。事実、若い世代には圧倒的に優秀な人々が出てきている。

宮内 大きな災厄に襲われたことで、逆に閉塞感から脱することができたというのは、皮肉な話ですが面白いですね。

柳川 教育に携わってきた私の立場としては、「こういうふうに学校教育を変えた結果、こんなにすごい人材が育つようになりました」と言えれば嬉しいのですが、それは関係ないような気もしますし、はっきりわからないのが悲しいところです。ともあれ、今の10代、20代は明らかに何かが変わっていて、これまでとは次元の違う、面白くて優秀な人が増えてきている。それはうちの大学だけではなくて、社会全体にいえることです。彼らは、これまでにない大きな可能性を秘めていて、私は今後が本当に楽しみなんです。

宮内 最後に、これから先の世界はどう変わっていくか。そこに対して高等教育機関はどういう役割を果たしていけばいいか、ご意見をお聞かせください。

柳川　この先、世界が大きく変化することは確実でしょう。ただ、それがどう変わっていくかはわからない。ＡＩの発達がどう世界を変えるのか。環境汚染はどうなるか。地球温暖化は？　紛争地帯の状況は？　世界が変化することはわかっていても、どう変化するかはわからない。そこで重要なのは、変化に対応できることです。最初の話に戻りますが、「自分の頭でしっかりと物事を考え、未来を切り拓いていく力がある」人こそが、予測できない変化に対応していけるでしょう。そういう人材を育てることが、高等教育機関がやるべきことではないでしょうか。今の日本は霧の中を大きな戦艦で決まった方向へ進んでいるようなもの。霧が晴れたときに、方向が間違っていた、と思ってもすぐには方向転換できませんし、それでは間に合わない。組織としても、もっと小回りが利くように柔軟な頭を持ち、突発的な出来事が起きても素早い動きで対応できるようになっておくことが大切だと思います。

PART2

高等教育

時代と共に社会が求める人材や能力が大きく変わり、
学生の教育を担う高等教育機関の役割もこれまで以上に
大きく、かつ重要になっています。
高等教育機関が「未来人材」を輩出する教育機関になるためには？
そこに必要な高校生対象調査や自社メディアを通じて得た
実態を教育現場と共有するなど、マイナビ進学総合研究所が
取り組む課題解決策を紹介します。

Section01

高校生の進路選択のトレンド

Section02

高等教育機関の課題と高校生の実態

Section03

高等教育機関と社会の発展に向けて マイナビが取り組むべきこと

語り手：マイナビ進学総合研究所（吉野 正利、澁谷 啓太、笹島 慶太、上村 亨、宮内 章宏、青木 湧作）

Section 01

高校生の進路選択のトレンド

■ 株式会社マイナビ　未来応援事業本部
教育支援統括本部　営業統括本部
マイナビ進学総合研究所　研究員
宮内 章宏

■ 株式会社マイナビ　未来応援事業本部
教育支援統括本部　事業統括本部
マイナビ進学総合研究所　研究員
青木 湧作

高校生を取り巻く環境は近年大きく変容し、社会が求める人材や能力も変わってきています。グローバル人材、デジタル人材、イノベーション人材と求められる内容は高度化・多様化が進んでいます。高校生にとって純粋に選択肢も増えている中、いつ、どのタイミングで自分の進路を選択・決定しているのでしょうか。マイナビ進学総合研究所では、多くのアンケート調査結果から高校生の進路選択のタイミングやトレンドを可視化・分析しています。コロナ禍でのトレンドは、高校生だけでなく保護者・教員含めドラスティックに変化しました。また社会が求める人材像と、高校生が望む将来像との乖離はあるのか。マーケティング視点で高校生の実態に迫ります。

マイナビ進学総合研究所の目的

マイナビ進学総合研究所の設立経緯

宮内　マイナビでは、進学情報サイト「マイナビ進学」を通じて、高校生へ将来「なりたい自分」を見据えた進路選択を提案してきました。また、我々は「すべての高等教育機関の支援を通じて、社会の発展に貢献する」というビジョンを掲げて事業を展開しています。

教育現場は、グローバル化や少子化などさまざまな課題を抱えています。そこにさらに新型コロナウイルスが猛威を振るい、その影響が少し落ち着き始めた矢先、ウクライナ情勢が悪化し、約20年ぶりの水準となる円安や上昇し続ける物価が、日本の経済界に多大な打撃を与えました。必然的に、進学を控える各家庭にも多大な影響が及んでいます。

青木　先行き不透明な中、高校生を取り巻く環境は毎年大きく変容し、社会が求める人材や能力も変わってきています。国際競争力の高い人材やデジタル人材、イノベーション人材など、求められる人材は高度化・多様化が進んでいます。

このような状況下で、政府は未来教育創造会議の第一次提言を公表しました。その目的は『我が国の未来を担う人材を育成するためには、高等教育をはじめとする教育の在り方について、国としての方向性を明確にするとともに、誰もが生涯にわたって学び続け学び直しができるよう、教育と社会との接続の多様化・柔軟化を推進する必要があります』というものです。今、教育に関わるすべての者が、勇気ある改革の断行を迫られているといえるかもしれません。

宮内　社会に飛び出す一歩手前の高等教育機関の役割は、今まで以上に大きなものとなっています。一方で、何年も検討を重ね、実現の一歩手前まで来てもさまざまな要因でスムーズに物事が進まないという、教育改革の難しさも目のあたりにしています。

我々は、国の施策にかかわらず、問題提起とソリューションをもって高等教育機関の課題と向き合い、あらゆる方向から解決し高等教育機関の改革実現への挑戦を支援します。そのために、高等教育機関一校一校と向き合い、それぞれの課題解決に地道に貢献していくこと。それが我々にできることだと考えています。

では、具体的にどのような支援をしていくべきか。不確実性の高い時代においては、まずマーケットの状況を熟知することが求められます。そして、それを分析・研究していくことが必要になっていくと考えました。

そこで、2021年9月、「マイナビ進学総合研究所」を立ち上げ、より多くの高校生がより良いキャリアを描いていけるよう、進路選択という〝きっかけ〟を中心に調査研究を行っています。

青木　実はマイナビでは、マイナビ進学総合研究所設立の10年ほど前からさまざまな形で進学に関わる調査を実施してきました。あるときは、高等教育機関の課題に対するソリューションのご提案に生かすべく調査を実施。またあるときは、商品開発や新規企画のために調査するなど、時期や目的に応じてさまざまな調査を行ってきました。

そうした実績と知見を生かし、各種調査研究を継続的に行っています。対象は高校生だけでなく、高校生の進路選択をより精緻に分析・研究するために、進路選択に関わる保護者・高校の教員、大学や専門学校のみなさまも対象に含めています。

さらに高校生のより良い進路選択の〝きっかけ〟を創造していくために、調査結果・分析結果などの情報を「高校生の進路選び」に関わるすべての方へ発信しています。発信することによって我々の姿勢に対する賛同者の輪を広げていきながら、高校生と高等教育機関のみなさまとともに「進路選択」について考えていきたい。その思いを軸として、調査研究の質と量を日々高めています。

マイナビ進学総合研究所が行う調査

行動面のキーとなる「定期調査」と「後追い調査」

青木　それでは、マイナビ進学総合研究所が具体的にどのような調査を行っているのかご紹介しながら、現在の高校生の進路選択のトレンドを見ていきましょう。

最も調査回数が多いものは「マイナビ進学会員　定期調査」となります。この調査の目的は、進路を考える高校生の意識や進路選択に関する最新状況などを定点観測することです。

マイナビ進学会員の高校生を対象に、年4回、3カ月に1回のペースで調査を実施し、2021年11月からは、各回の結果をマイナビ進学総合研究所サイトでもリリースしています。

調査の内容としては、「あなたの進学先を、大学にするか、短期大学にするか、専門学校にするかについて検討状況を教えてください」「あなたの進学先で学びたい分野・系統の検討状況について教えてください」といった、現在の進路決定・検討状況を集計しています。ほかには、「学校キャンパスで開催されるオープンキャンパス・体験入学に今まで参加した学校数をお知らせください」といったオープンキャンパス・体験入学への参加状況を集計しています。加えて、就きたい仕事の検討状況、現時点で検討している入試方式などを調査しています。

また、後追い調査として「高校生の進路意識と進路選択に関するアンケート調査」を年1回実施しています。これは、その年度の3月に卒業予定の高校生を対象に、毎年3~4月にかけて調査をしています。

後追い調査の内容としては、「志望校選びの際に重視するポイント」「進学先の学校について選んだ理由」「進学先以外の進学候補学校について」など、進学先や進学候補学校との接触について集計しています。この調査からは、「志望校選びの際に重視するポイント」は毎年「学べる内容」がかなり高い回答割合になることや、コロナ禍以前と比べてその回答割合がより一層高くなっていることなどがわかっています。

■ 志望校選びの際「重視するポイント」

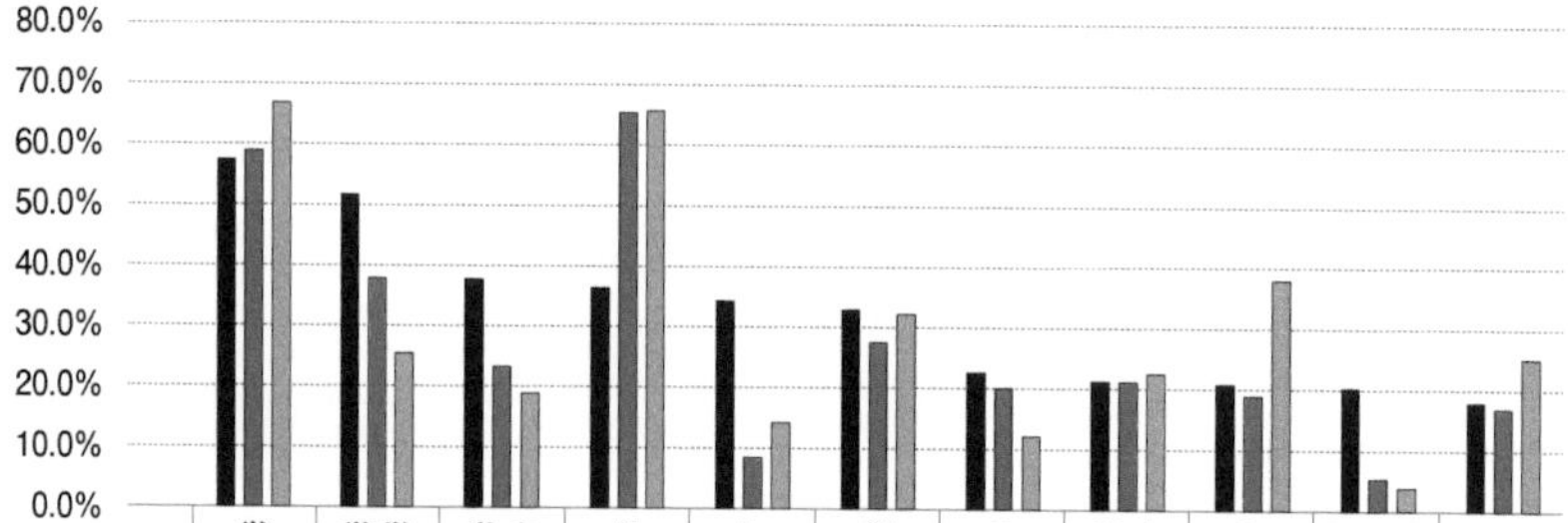

	学べる内容	学部名・学科名	自分の学力との相性	取れる資格	知名度が高い	学校の所在地	入試方法	実家からの距離	就職率の高さ	学校分類 国立か公立か私立か	学校の建物や設備
■大学	57.4%	51.7%	37.8%	36.3%	34.2%	32.8%	22.6%	21.2%	20.8%	20.2%	17.9%
■短期大学	58.9%	37.9%	23.2%	65.3%	8.4%	27.4%	20.0%	21.1%	18.9%	5.3%	16.8%
■専門学校	66.8%	25.4%	18.8%	65.6%	14.2%	32.1%	12.1%	22.5%	37.9%	3.8%	25.1%

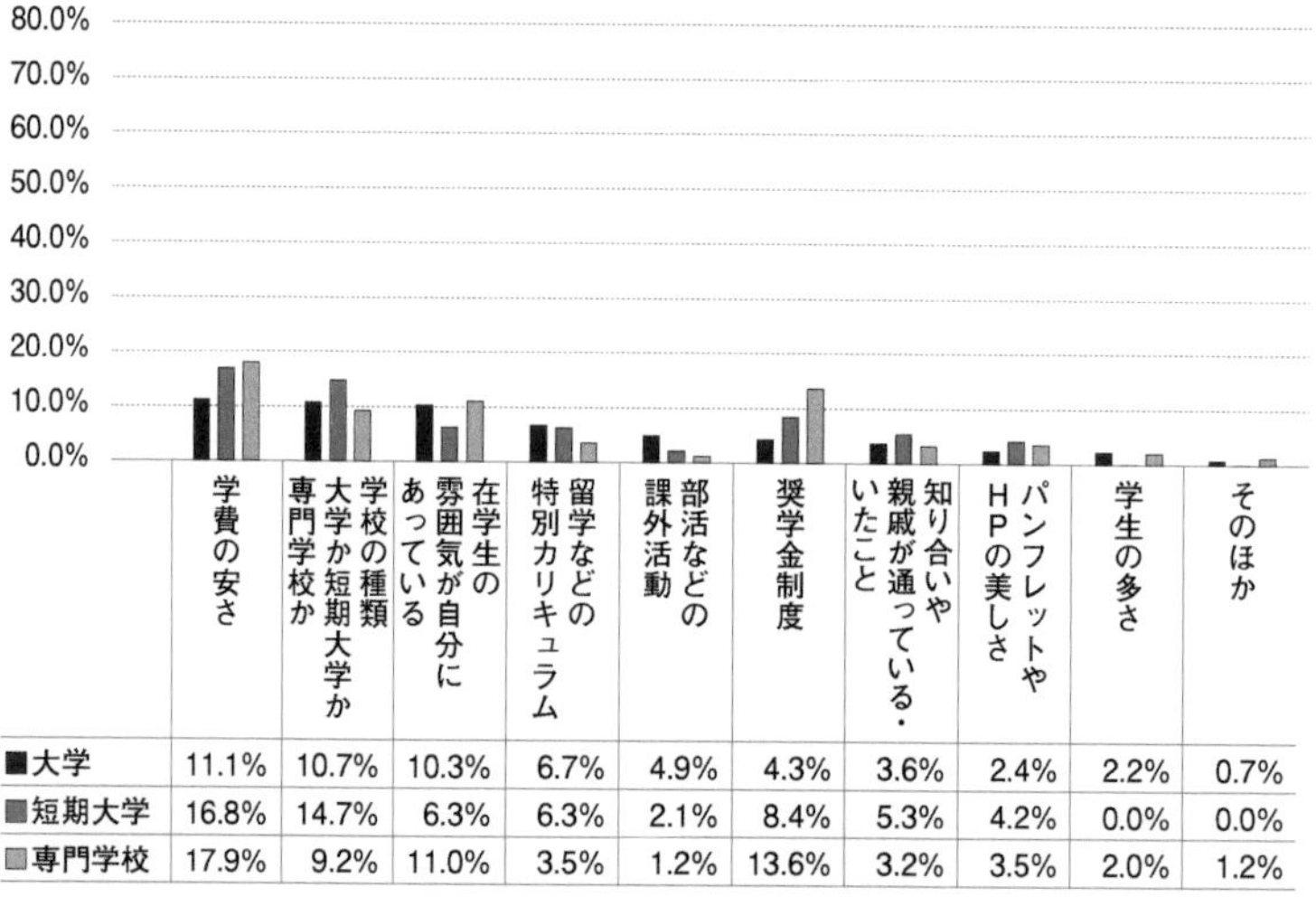

	学費の安さ	学校の種類 大学か短期大学か専門学校か	在学生の雰囲気が自分にあっている	留学などの特別カリキュラム	部活などの課外活動	奨学金制度	知り合いや親戚が通っている・いたこと	パンフレットやHPの美しさ	学生の多さ	そのほか
■大学	11.1%	10.7%	10.3%	6.7%	4.9%	4.3%	3.6%	2.4%	2.2%	0.7%
■短期大学	16.8%	14.7%	6.3%	6.3%	2.1%	8.4%	5.3%	4.2%	0.0%	0.0%
■専門学校	17.9%	9.2%	11.0%	3.5%	1.2%	13.6%	3.2%	3.5%	2.0%	1.2%

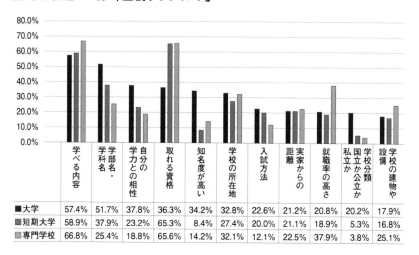

コロナの影響が見えた「オープンキャンパス実態調査」

青木　これらの定期的な調査のほかに、その都度関心が高まっていると思われる事柄についてテーマを設けて調査をしています。「オープンキャンパス実態調査」については、「イベント認知のきっかけ」「志望度が上がったプログラム」「志望度が下がったプログラム」などを調査しています。

宮内　オンライン形式を除くリアル形式のオープンキャンパスに限った話ですが、コロナ前の２０１９年度の参加のべ総数を１００％とすると、２０２１年度は65％に減少。２０２２年度は94％に回復しました（１・２年生）。

青木　コロナ禍では、リアルのイベントの代わりとして、オンラインによるイベントを開催するところも多くありました。しかし、調査結果によると、オンライン形式市場は頭打ち、または縮小すると考えられます。

現に、大学及び短大では２０２１年度のオンライン形式イベントの参加のべ総数を１００％とすると、２０２２年度は１・２年生では95％、３年生では92％と全体参加総数は減っています。専門学校に限って見れば、２０２１年度のオンライン形

■「リアル形式」1・2年生の参加のべ総数

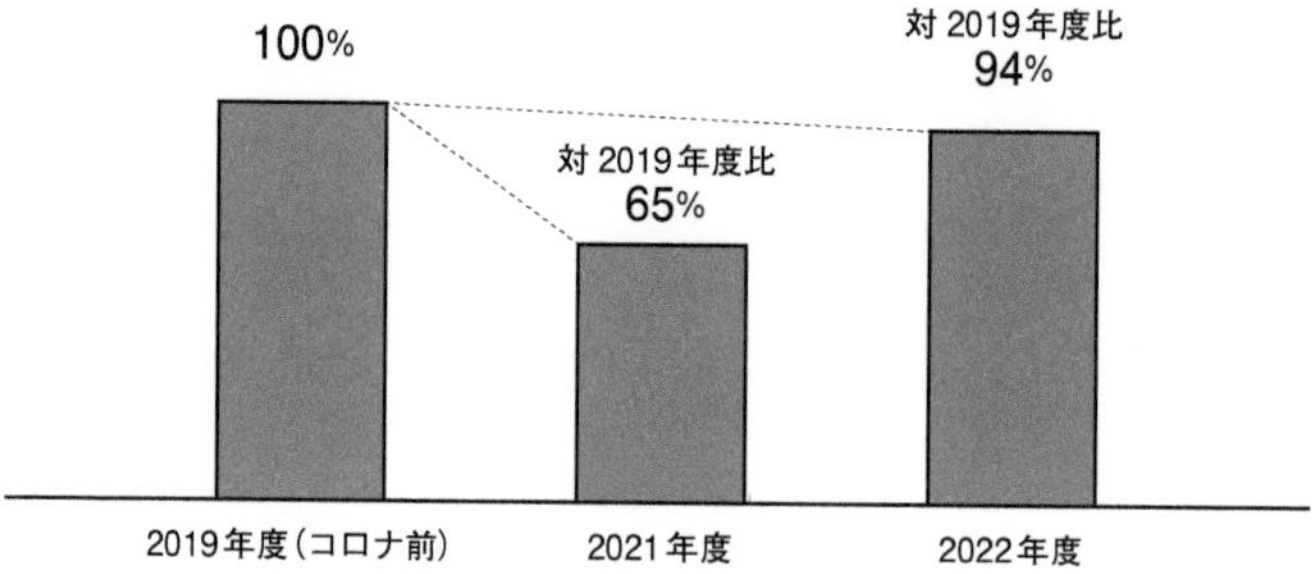

	コロナ前	2021年度	2022年度
全国1・2年数	205万人	194万人	192万人
全国参加割合	66.3%	46.6%	60.5%
平均参加校数※	2.2校	2.2校	2.5校

※1・2年生の参加のべ総数（大学／短大／専門問わず）

式イベントの参加のべ総数に対して、2022年度は1・2年生の参加が約7割、3年生の参加は約8割に落ち込んでいます。オンライン形式から得られる情報や体感に、満足できない・限界を感じている高校生が多いと推測されます。

多くの関心を得た「大学認知度・イメージ調査」

青木　「大学認知度・イメージ調査」は、2022年に初めて実施した調査で、高校生の各大学に対する認知度とイメージを把握し、大学のブランディングに役立てていただくことを目的とした調査です。

全国の大学進学を希望する高校3年生8276名の回答をもとに、各エリアにおいて具体的な大学名を挙げて各大学の認知度、すなわち実際に高校生がどれくらい知っているかということと、その大学に対するイメージについて質問しました。イメージは「学べる内容が充実している」「時代にマッチしている」「勉強が面白い」「就職力が高い」などの項目があります。

宮内　調査結果に基づいてランキングを作成し、マイナビ進学総合研究所のサイトに掲載したほかプレスリリースで発信したところ、かなり大きな反響がありました。大学の担当者から「調査結果について詳しく聞きたい」「一度この調査内容について詳しく解説してください」という問い合わせが入るほどでした。

実際に大学を訪問し、詳細を説明したケースもあります。そういった意味では、我々の活動の中でも一つ成功した事例だといえます。やはり多くの大学が、ブランディングに関して課題感を持たれていると改めてわかりました。

想定外の結果となった「職種についての関心度調査」

青木　2022年9月には、「『データサイエンス』『AI』『プログラミング』に関する 学び／職種についての関心度調査」を実施しました。今の進学マーケットの中で頻出する用語で、近年「データサイエンス」の名称を掲げた学部を新設したり、データサイエンスを学べることをアピールしたりする大学が増え続けています。

さまざまな省庁やメディアでデジタル人材の不足が叫ばれ、経済産業省のレポートによれば、2030年には約79万人のデジタル人材が不足するといわれています。そのため政府が、高度AI人材の育成に力を入れていくことを明らかにした影響もあります。

宮内　しかし、社会が求める職種や人材と、実際にそのスキルを身に付けたいと考える人、あるいは就業を目指す人の数にはギャップがあります。

例えば、介護職や保育職は人手不足が深刻な課題となって久しい状況ですが、介

■「データサイエンス」に関する学びについて（学年別）

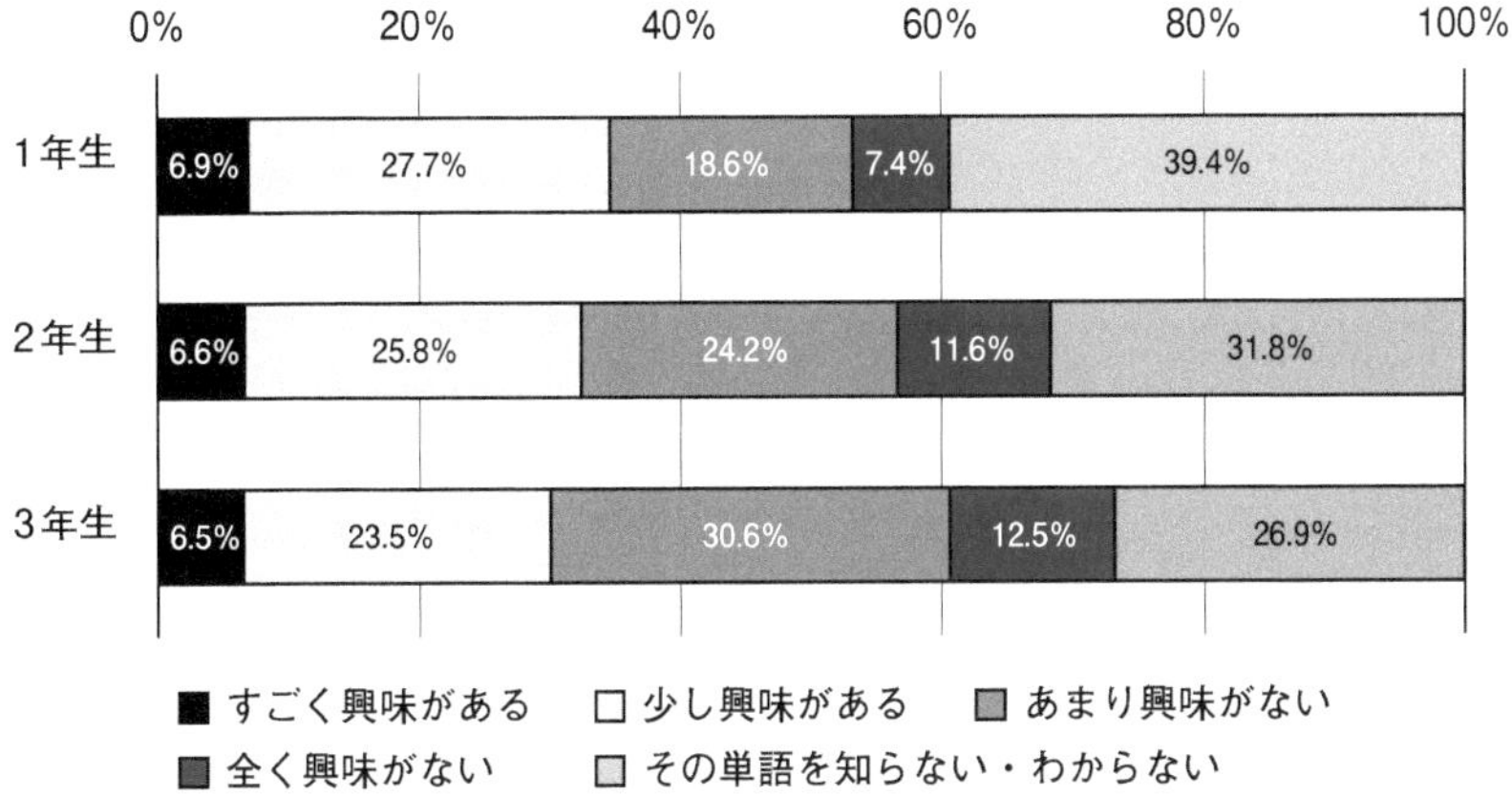

護や保育について学べて資格を取得できる大学や専門学校は定員割れしているケースが目立ちます。すなわち、社会が求める人材に合わせて学校を整備したとしても、実際にそれを志す人が少なければ、人材の不足という課題は解決されないのです。

青木　では人材育成が急がれているデータサイエンスの分野は、高校生にとってどれほど馴染みがあり、エンジニア、データサイエンティストといった職種が高校生の目にはどのように映っているのでしょうか。そこで文系・理系を問わず、「データサイエンス・AI・プログラミング」3つのキーワードについて、そこから想起される学び・職種の興味関心度を調査したところ、その結果はたいへん興味深いものとなりました。

宮内　高校生全体の興味関心度が最も高いのは「AI」、「プログラミング」と続きます。ところが「データサイエンス」については、「その単語を知らない・わからない」との回答が多かったのです。ここから「データサイエンス」という言葉は、高校生にとって、実は馴染みがない言葉のようであるということが見えてきました。

さらに興味深いのが、学年別の結果です。

1年生では「データサイエンス」という言葉を知らない生徒は4割ほどいました。一方で、「すごく興味がある」「少し興味がある」という生徒を合わせると約3割になりました。1年生においては、データサイエンスについて知らない生徒と興味がある生徒が二極化していることがわかります。

青木　3年生になると、「データサイエンス」という言葉を知らない生徒の割合は3割以下に減ります。では興味がある生徒が増えるのかというと、なぜかこの割合は1年生よりも減少します。これはどういうことなのでしょうか。

宮内　おそらく学年が上がるにつれさまざまな情報を得て、「データサイエンス」

という言葉に対しては聞き馴染みが出るものの、進学先やその先の就業ということを考えた際には、あまりピンとこないというのが現状のようです。また、「専門的に学んでいくには難しい分野である」という印象を持っているのかもしれません。

青木　高校は、2年生で文理選択があります。1年生までは文系科目、理系科目いずれも守備範囲として入っていても、2、3年生になると理系が外れていくケースが多いということも影響しているのかもしれません。

宮内　マイナビでは進学イベントなどを開催し、高校生と実際にお話をする機会があります。高校生に将来の職業についてどんなことを考えているのか質問したところ、公務員や教員といった身近な職業の話はよく出てきますが、データサイエンス系の職業の話は出てきませんでした。

ある生徒は、データサイエンスについての話をしたところ、「パソコンはちょっと……」と、抵抗感を示していました。デジタル・ネイティブといわれる世代ではありますが、まだ実際には「娯楽として使っていても職業として扱うのとは別だ」と考える高校生が想像よりも多いのかもしれません。このような実態が、調査結果やイベントなどでの高校生との対話で見えてきたのです。

このような情報を高等教育機関に向けて発信することで、例えばオープンキャンパスで模擬授業を行う際に、データサイエンス系の授業はハードルを上げすぎず、親しみやすさを打ち出すことで高校生に訴求できるのではないか、といったご提案をすることができます。

我々もイベントなどで高校生と対面するときに、データサイエンスに関する職業を身近に感じられるような対話など工夫をして、将来的なデジタル人材の不足という課題に対して高等教育機関とともに取り組むことを望んでいます。その際のベースとなるものが、こうした高校生を対象にした調査となっているのです。

高校生だけでなく教員も保護者も対象に

高校教員や保護者向け調査からわかること

青木　高校生だけでなく、教員向けの調査、保護者向けの調査においても実績があります。

教員向けの調査は、全国の高等学校の状況を正しく把握し、高等学校および高等教育機関のみなさまに有益な情報を発信することを目的としています。保護者向けの調査は、高校生の保護者の動向、考えなどについて現状を把握し、社会に情報提供を行うことを目的としています。

2022年7月に実施した「高校教員向けアンケート」は、595人から回答を得ました。ご協力いただいた教員のみなさまは自由記述の質問も熱心に書いてくださり、ご意見として大いに参考になりました。

宮内　例えば、「あなたが主に指導している学年に対する進路指導の方針を教えてください」では、「本人と進路先のマッチングを重視」「本人の意思を尊重」「本人の希望と能力や適性をマッチングさせる」といった言葉が多く見られました。

実はこれは保護者も同様で、２０２１年に実施した「高校生の進路に関する保護者調査」では、全国の長子として高校生を養育する保護者１２００名から回答を得ましたが、その中の「子どもの進路に対する保護者の意向」では、「子どもの意見を尊重したい（親の意見は特にない）」という回答が全体の４人に１人程度と比較的高い結果が出ました。

青木　また、保護者向けの調査で「子どもの進学先学校を選ぶポイント」として複数選択で回答してもらったところ、「学べる内容」「子どもの学力との相性」「取れる資格」「学部名・学科名」などが多く選ばれました。一方で「学校の種類（大学・短期大学・専門学校等）」と回答した割合は、学年を問わず15％に届きませんでした。

おそらく一昔前であれば、「できるだけ難易度の高い大学にチャレンジしてほしい」「知名度が高い大学に行かせたい」といった意見が進路指導の方針として多かったのではないかと推察します。

宮内　現在も実態としてはそういう向きがまったくないとはいいませんが、大きな流れとしては「子どもがやりたいことや好きなことを追求してほしい」と、教員も保護者も考えるようになってきています。

高校生の意見を尊重するということはいい傾向といえますが、一方で、進路選択が難しくなってきているともいえます。というのも高校生の自主性を重んじる方針になると、進路指導で教員が高校生に対して「この大学に行くといい」とはっきりいいにくい状況になっているのです。高校生としては、自分が何をしたいのかを考え、自主的に情報を収集しなければなりません。

こうした状況をふまえ、我々は適切なタイミングで適切な情報提供を行い、進路選択のサポートをしていきたいと考えています。

調査実績から見えたコロナの影響

青木　こうした調査を継続的に行っている中で、やはり新型コロナウイルス感染拡大は大きな影響を与え、進学先の検討におけるモチベーション、情報入手の方法などがこの数年で変わってきている印象を受けます。

例えば、オープンキャンパスの開催の有無、リアル形式かオンライン形式かなどの情報一つをとっても、その年や学校によってばらつきがあり、教員も生徒も過去の情報をもとに計画を立てることが難しく、マイナビ進学などを通じてこまめに情報を収集する必要が出てきました。また、参加する学校も絞らなければならないという事情もあります。

宮内　さらにコロナ禍で地方も首都圏も「地元志向」といわれるようになり、通いやすさが重視されるようになってきています。

調査結果によると、進学の際の住まいについては、高校3年生の4割が「保護者と同居し自宅から通いたい」と回答しています。「地元を離れ一人暮らしをしたい」と回答した割合は、全体の4分の1程度に留まりました。「地元を離れ学生寮や親族の家から通いたい」という回答の割合は10％にも満たないという結果でした。

青木　2022年「高校教員向けアンケート」では、「保護者との面談を通じた進路希望の傾向」として、保護者との面談などを通じて感じる、最近の進路希望の傾向について質問しました。すると、「地元志向、安全志向が強い」「自宅から通える距離の大学」「安全確実に決めたがる傾向」「卒業生の就職先を気にする保護者が多くなった」といった意見が見られました。

コロナの影響で、「学校選びのポイント」で変わったことがあるかを聞いたところ、およそ半数は「変わったポイントはない」と回答しましたが、「学べる内容」「就職率の高さ」「取れる資格」「実家からの距離」などを重視するようになったという回答がありました。

「学べる内容」は、コロナ前から重視されてきましたが、コロナの影響でさらに重視するという声が増加しました。さらに「取れる資格」も重視する傾向が強まっています。それは生徒のみならず保護者も同じ意見です。一方、「知名度」は重視しなくなったという声もあります。

宮内　変化が激しい時代ということを高校生も意識しているのか、自分自身の力を高めて社会へ出るための「ステップ」として、進学先を深く検討している様子が垣間見られる結果といえます。

大学の受験校は1人あたり3～4校といったところで、こちらも経済状況の影響か減少傾向にあります。

青木　募集状況でいえば、難易度が高い一部の大学だけが以前と変わらず、それ以外の高等教育機関は年々厳しい状況になってきています。日本私立学校振興・共済事業団の私立大学志願者動向調査によると、２０２２年春に定員割れした私大の比率は47・５％（２８４校）になっています。

２０２１年、大学進学率は54・９％と過去最高値を記録しました。一方、短期大学進学率は下降が続き、入学者数確保の苦戦が続いています。専門学校進学率はほぼ横ばいに推移しています。文部科学省の推計によれば、18歳人口の減少スピードは今後ますます激しくなる見込みです。

「大学全入時代」といわれ、少子化という将来的な課題はわかっている中で、コロナ禍を経てますます厳しさが増してきています。我々としては、高校生、その保護者、高校教員への調査に基づき、高等教育機関は今、どのような改革を求められているのか、どのような戦略を打ち出していけばいいのかを提案し、支援していきたいと考えています。

調査情報が生み出すトレンド予測

情報を共有することで生まれるメリット

青木　高校の進路指導のスケジュールに合わせて適切な情報を提供することで、高等教育機関においては高校生に対して効率的かつ効果的な働きかけができ、限られた予算と時間の中で広報の計画が立てやすくなります。

高校の教員においては、進路を決定する適切な時期を逃さず、調査データや高等教育機関の情報を用いながら、一人ひとりの高校生の進路選択の〝きっかけ〟作りとしてご利用いただいています。

宮内　調査実績を外部へ積極的に出していくことによって、我々のクライアントである高等教育機関のみなさまのみならず、そこに勤めている学者や専門家の方々、あるいは高校の教員、保護者の方々といったさまざまなステークホルダーと同じ価値観、課題感、情報を共有しています。ゆくゆくは、コンソーシアム（共同事業体）

として協同して、社会をより良くしていく取り組みができるのではと考えています。そのためにもオープンソースはごく当たり前の考え方と捉えています。

例えば、前述のようにデジタル人材が不足しているという課題があります。高校生のデータサイエンスに対する意識を高めることも、デジタル人材を養成する教育機関を創設することも解決策の一つではありますが、それだけでは足りない部分もあります。その先に、新卒のデータサイエンティストを受け入れる企業がどれだけあるのかということも課題となっているのです。

青木　これはあくまで一例ですが、大きな枠組みを変えていくことも視野に入れつつ、まずは第1段階として、ステークホルダーのみなさんと課題感を共有すること。そして、仲間を見つけていくこと。スモールステップではありますが、確実に一歩進んでいるといえると思います。

今後の高校生の進路選択のトレンド予測

青木　最後に、今後の進路選択のトレンドについて述べていきます。マイナビでは、マイナビ進学総合研究所設立以前から、高校生を対象にした調査を実施してきまし

■「進学先校」に対する高校３年間の進路検討アクションまとめ

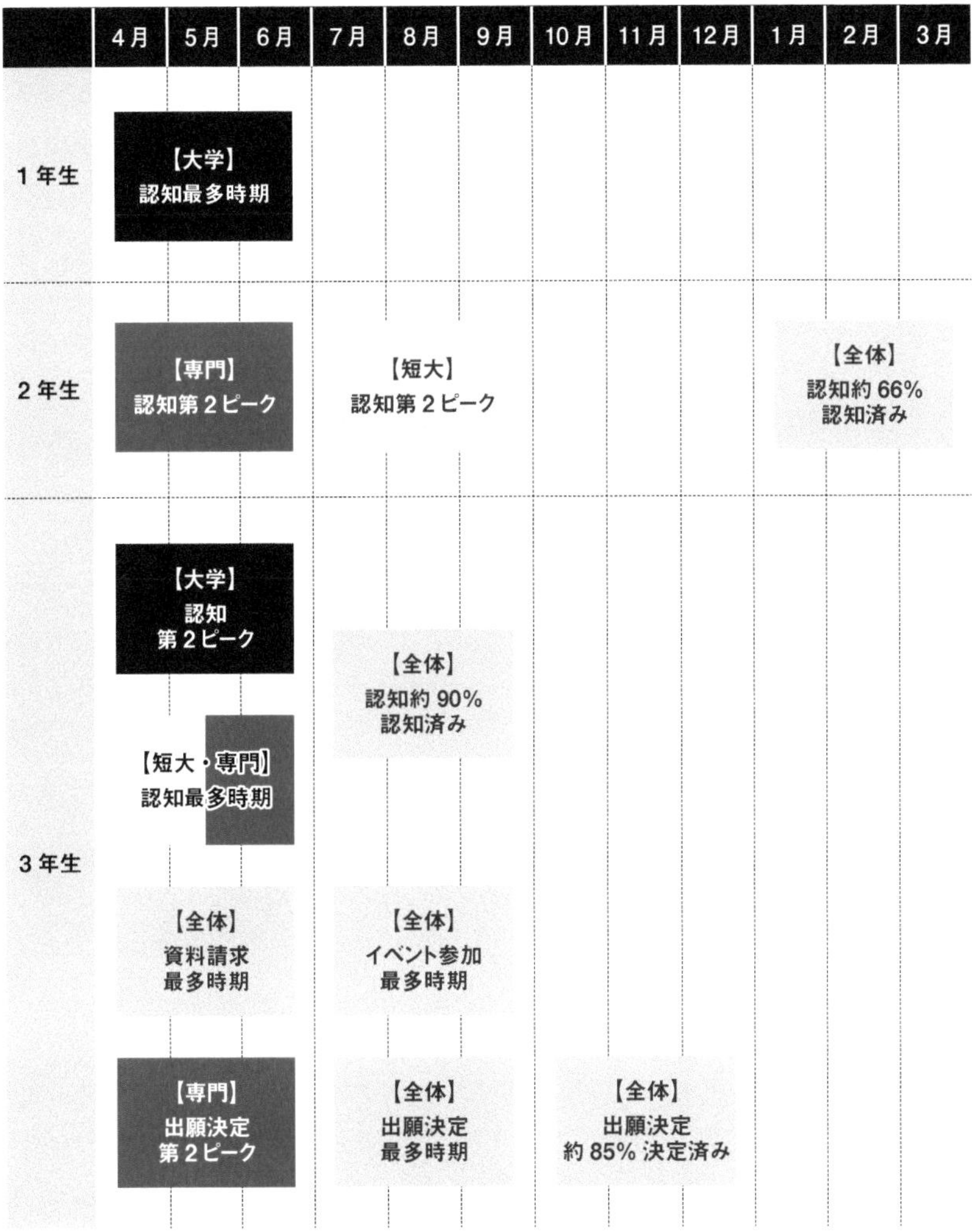

たが、過去と比べて、進路選択のスケジュールや行動パターンについては大きくは変わっていないと分析しています。もちろん、オープンキャンパスがコロナの影響で開催中止になり、オンライン化したという変化はありましたが、進路指導において文理選択も含めて、高校1年生からのスケジュールはこの10年ほど大きくは変わっていません。

高校生の活動状況調査からは、進学先校に対する高校3年間の進路検討時期もわかってきました。この調査では、進学先が決まった高校3年生に対して、その進学先を認知した時期や、資料請求、イベント参加、出願を行った時期を調査し、集計しています。いわゆる後追い調査というものです。

「大学」に進学する高校生は、1年生の4～6月にかけてが、進学先校を認知していた最多の時期となっています。「専門学校」「短期大学」に進学する高校生は3年生の4月から6月頃に、進学先校を認知していたという回答割合が最も高くなります。また進学先区分を問わず、2年生の1月～3月には、約66％の高校生が進学先校を認知していたということもわかりました。高等教育機関にとってみれば、やはり低学年への認知訴求は重要な施策といえます。

3年生になると認知最多時期と重なるように「出願決定」時期も迎えます。7月〜9月には全体認知が、約90％に達しています。

宮内　こうした進路選択のスケジュールや行動パターンは、進路指導法や入試制度が大きく変わらなければ、変わることはないでしょう。大学の入試制度改革も行われていますが、実際には内容はそれほど大きくは変わっていません。AO入試は2021年度入試から「総合型選抜」と名称が変更されました。だんだんとこの総合型選抜や学校推薦型選抜（旧推薦入試）の比率が増え、これまで主流だった学力による一般選抜（旧一般入試）の割合が減ってきていることは事実としてあります。2021年を起点に、5年前・10年前の入学者数／選抜方式別入学者数のデータを並べたところ、選抜方式別に見ると、総合型選抜の入学者割合はここ5年で国立は約2倍、公立は約1・8倍、私立大学は約1・4倍に増えました。実数は入学者総数と比べまだ少ないのですが、総合型選抜の利用が増えていることは確かです。

要因はさまざまありますが、安定志向が高まっていることにも関連しています。高校生にとってみれば、総合型選抜での受験は年内には進学先を決められるという大きな利点があります。難易度の高い学校に一般選抜でチャレンジするよりも、総合型選抜で受験できる学校の中から選択し、「早めに進学先を決めてしまいたい」「早く安心したい」と考える高校生が増えているようです。

入試制度が抜本的に変われば、もしかしたら進路選択のスケジュールは変わるかもしれませんが、そうでない限り、この流れは大きく変わらないでしょう。

青木　では、価値観はどうでしょうか。コロナ禍で安定志向が高まり、また知名度よりも学びの内容や資格取得を進路選択のポイントにしている人が増えてきました。この価値観はアフターコロナで若干の変化が出てくる可能性はありますが、この2〜3年で大きく変わることはなく、一つのトレンドとして今後5年ほど続くのではないかとみています。

これはとてもポジティブな変化だと捉えることができます。現状、知名度がないためにPRに苦戦している学校も、学びの内容をしっかりと発信していくことで、高校生の選択肢となる可能性が上がるということです。

高校生を対象に、「進路決定のために知りたいこと・学校の授業でやってほしいこと」を調査したところ、「どの学校が自分に向いているかを知りたい」という回答がトップとなりました。次に、「学部・学科や文理選択をどう選べば良いか知りたい」「自分に向いている学問や職業がわかる診断を受けてみたい」が続きました。

宮内　激変する時代においては、一人ひとりの力を高められる「教育力」が求められます。一方で、自分に合った学校がわからず悩む高校生も多いようです。

早期から情報を発信し、磨き込んだ教育力で「選ばれる学校」を目指すために、我々がその一助となるべく、高校生に向けた情報発信に努めたいと考えています。

Section 02

高等教育機関の課題と高校生の実態

■ 株式会社マイナビ　未来応援事業本部
教育支援統括本部　事業統括部
マイナビ進学総合研究所　研究員
澁谷 啓太、上村 亨

高校生世代を対象としたマーケティングや
メディア運営、定量・定性調査を通じて
高校生の進路決定要因や生活実態把握に取り組む

現在、高等教育機関はどのような課題を抱えているのでしょうか。このSectionでは、高等教育機関の課題と高校生の実態、情報発信について取り上げています。

高度化・多様化する社会と高等教育機関

社会からの需要

澁谷　グローバル化や、少子高齢化による労働人口の減少、急速なＩＴ化などを背景に、高等教育機関へ求められる人材育成の水準も年々高まっています。高等教育機関は、従来高度化・多様化する社会に対して、さまざまな施策を打ち出していきます。近年、注目されているデータサイエンティストやＩＴ人材の育成にも、問題が顕在化する前から学部・学科の新設、カリキュラムの再構築を行ってきました。社会のニーズを予測し動いているものの、新設した学部・学科に入学者が集まるわけではなく、社会的なニーズと高校生が入りたい学部・学科にはギャップがあります。

上村　一分野を例に挙げるなら、医療・福祉分野では以前から人材不足が起きています。２０１５年の就業者数が約５５３万人、２０２１年が９０８万人と就業者数は約１・６倍になっています。（出典：総務省統計局「労働力調査（基本集計）

2022年（令和4年）平均結果」より）。就業者が増加してもまだまだ供給が追い付いていない状況です。

看護師や介護士になりたい人がそもそも不足しているという点もあります。高等教育機関は学部・学科を新設したり教育内容を充実させたりしていますが、報酬や労働環境などさまざまな要因によってその分野になりたい人が足りないという根本的な問題を抱えています。

医療・福祉分野を一例に挙げましたが、データサイエンティストなどのＩＴ人材も同様で、社会的なニーズのある職業になりたいと思う人を増やさない限り、解決にはなりません。そのためには、高校生に対して学校やメディア、あるいは教育全体を通して職業や学びの魅力をわかりやすく伝えることが必要になります。社会の要望に応えるかたちで、学ぶ内容も高度化・多様化してきており、学部・学科の名称も細分化されているので、高校生にとってはわかりにくくなっている部分もあります。

高等教育機関が抱える課題

入学者の減少

上村　入学者数の減少も課題の一つになります。入学者数が減少する要因の一つは少子化です。文部科学省の学校基本調査によれば２０２２年度の18歳人口は約１１２万人ですが、同２０２２年度の出生数は厚生労働省の人口動態統計速報によると約80万人でした。18年後には18歳人口が今と比べて約32万人減ることになります。

澁谷　２０２２年度の高等教育機関への進学者数は、約94万人（令和４年度学校基本調査（確定値）による）ですが、仮に18年後の進学率が現在と同じ83・４％とすれば、18年後の進学者数は約67万人になり、２０２２年と比較すると27万人減少します。

上村　学校種別で見ると大学進学率は56・６％、短期大学の進学率は３・７％、専門学校の進学率は22・5％でした。学校種別ごとの進学率も変わらないと仮定すると、18年後の進学者数は大学が約45万人（現在と比べて約18万人減少）、短期大学は約3万人（約1・1万人減少）、専門学校は約18万人（約7万人減少）となります。2022年度時点で日本の大学は約800校、入学定員の合計は62万人、1校当たり平均入学定員は775人です。18年後の大学進学者数が約18万人減るということは、232校分の入学定員数に相当する進学者の減少になります。

授業料収入で考えてみると、私立大学の初年度納入金の平均は約136万円です（文部科学省「私立大学等の令和3年度入学者に係る学生納付金等調査結果について」による）。仮に前述の約18万人減少がすべて私立大学で起こるとすれば、約2500億円（約18万人×約136万円＝2448億円）もの入学金・初年度授業料・施設設備費による収入が失われることになります。

上村　各種数値の将来推計は、文部科学省をはじめ各機関が試算しています。推計の条件が異なるためさまざまな差異はありますが、高等教育機関にとって、将来的な入学者数の減少が重要な課題であることには変わりありません。

選ばれる学校になるために

上村　２０２２年度の進学率は大学、短期大学、専門学校によって差がありました。平成初期から30年以上、一貫して高等教育機関への進学率は向上し続けていますが、学校種別で分類すると大学のみ進学率が上がっていて、専門学校はほぼ横ばい、短期大学は低下し続けています。

学ぶ内容、就きたい職業によっては、大学、短期大学、専門学校いずれも選択することができます。そのため各学校は、学校種別の違いや優位性を高校生に訴求していく必要があります。

澁谷　同じ学校種別間での競争もあります。２０２２年度は全私立大学の約5割が定員割れとなりました（日本私立学校振興・共済事業団「令和４（２０２２）年度私立大学・短期大学等入学志願動向」による）。規模別にみると、入学定員が少ない学校ほど定員割れが起きています。一方、入学定員が３０００人以上の学校は充足傾向にあり、選ばれる学校とそうではない学校の二極化が進んでいます。

上村　エリア差も顕著で、学校所在地域別の充足率は、東京全体で１０３％、大阪全体で同じく１０３％に対して、東北（宮城を除く）で92％、四国で90％、中国（広島を除く）で87％となっています。また学問分野別の充足率では、１１０％を超える学部もあれば、70％台に留まる学部もあるなど、分野によっては大きな開きが見られます。

澁谷　選ばれる学校になるためには学び方、分野、エリアなど、学校の競争優位性を明確に打ち出し、魅力的な学校づくりをすることが大切です。同時にその魅力をしっかりと高校生に伝えていくことも必要で、マイナビとしても高度な内容を高校生にわかりやすく伝えられるように心がけてメディアを運営しています。

マイナビが展開するメディアの役割

自社メディアとサービスの目的

上村　マイナビのビジネスは、広告主である高等教育機関の学生募集マーケティングと利用者である高校生の進路選択の両方を支援しています。広告主には広告成果を出し、利用者には進路選択に必要な情報や機能を提供しており、どちらか一方に偏らず、両者に価値を提供することを目指しています。

具体的なメディアとしては、Ｗｅｂメディア「マイナビ進学」や、「マイナビ進学ガイド」をはじめとした紙媒体、または高校での出張授業などがあります。

Ｗｅｂメディア「マイナビ進学」と紙媒体「マイナビ進学ガイド」

上村　マイナビ進学は高校卒業後の進学先となる２０００校以上の大学・短大・専門学校などの情報を掲載している進路情報ポータルサイトです。学部・学科情報、学費、アクセスなど基本的な学校情報だけでなく、学問・業界・職種などから学校を検索し、学校資料の請求、学校イベントの予約などが可能です。

マイナビ進学では学問を117に分類し、それらの学問すべてをサイト上で解説しています。業界は46に分類、職種は1000以上に分類し、すべての業界・職種を解説しています。学問・業界・職種は各学校の学部にも設定されていて、学びたい学問から学校を探したり、将来働きたい業界・職種から学校や学部を探したりすることもできます。

もちろん、その学部に進学したからといって必ずその仕事に就けるわけではありませんが、高校生が進路を検索する際に、進学先の情報だけでなく、その先のキャリアまで意識して学校選択、学部選択ができるという点は、マイナビ進学が最も注力しているコンテンツの一つになります。具体的な進学先を探す3年生の時期だけでなく1年生の文理選択の検討段階、2年生のオープンキャンパス参加前など、早期から進学先や将来を検討する機会を提供し、複数回利用いただけるようなコンテンツの開発が必要だと考えています。

澁谷　進路選択は楽しい側面もありますが、人生に関わる大切な転機なので、悩むことも多く、主体的に行動しにくいのも事実です。それでも早期から利用いただくために、気軽に利用したくなるコンテンツを増やし、進路選択を考えるきっかけを提供したいと考えています。

上村　マイナビ進学以外にも「マイナビ進学ガイド」をはじめ紙媒体も発行しており、マイナビ進学会員の自宅に宅配でお届けしています。

紙媒体はＷｅｂと比較すると情報量は少ないですが、マイナビから高校生に働きかけることができるのがメリットになります。進路選択のフェーズに合わせた情報を提供することで、学年を問わずもっと気軽に利用したくなるコンテンツをお届けしています。

高校内での講演活動やイベントの開催

上村　メディア以外では、高校内での講演活動など、高校生と直接コミュニケーションを取る機会も増やしています。弊社の社員が講師となり、文理選択や進路選択の考え方など、進路に関する授業を年間で１０００校以上、40万人以上の生徒に実施しています。高校入学後の１年生に実施するケースもあり、進路検討の早いタイミングで接触できるため、高校生にとっても有意義な情報提供ができています。

講演活動以外でも高校生と大学・短大・専門学校の職員が直接コミュニケーションできるイベント「マイナビ進学ライブ」も運営しています。1日で複数の学校の話が聞けるため効率的に学校の情報を収集することができます。また、対面で会話しながら情報収集ができるため、進路の悩み解消につながる点ではほかのメディアにはない価値があると考えています。

過去にはコンセプトを変え、高校生の身近なキーワードから学びや仕事の広がりを知る体験型イベントも実施しました。「ものづくり」「まち」「健康」「グローバル」「子ども」「マネー」「食」と7つのキーワードを設定し、関連した学びを実施している50以上のゼミ・研究室の体験ブースに参加することができるイベントを行い、約2500名もの来場者実績を記録しました。

現在は参加者が学校説明を中心に受けられる形式のイベントを最も多く開催しており、2023年度は全国で20会場の開催を予定しています。イベント開催については今後も大幅に拡大予定です。

澁谷　マイナビで運営しているメディアのいずれのサービスにも共通することは、

進学先の情報をわかりやすく、高校生自身が気軽に調べられること。学校の特徴やそのほかの情報を迷うことなく見つけられるように、高校生とコミュニケーションを取りながら設計を行っております。

コンテンツメイキングの背景

上村　コンテンツ制作はマイナビ進学総合研究所で行っている定量調査と、マイナビ進学会員と実際に会ってインタビューする定性調査を参考にしています。

定量調査は主に高校生の進路選択開始時期、志望校の決定時期、メディアから得たいと考えている情報、高校生世代のトレンドなど進学だけに捉われない幅広い実態調査を実施しています。

一方、定性調査は主にインタビュー形式で1～2カ月に1回のペースで実施。時期に応じたテーマで高校生と雑談を交えながら、「最近友人間で話す話題」や「放課後、休日などの余暇の使い方」「最近ハマっていること」「最近購入したもの」など日常生活について聞いています。

澁谷　マイナビ進学総合研究所は、業界屈指のパネル数を誇り、高校生のトレンドを大局的につかむことが可能です。高校生世代の意見はメディアで大々的に取り上げられ話題になることも多いですが、必ずしもそれが高校生全体に当てはまるとは限りません。パネルを保有していることで、全体を捉えた本質的なトレンドを把握できているのはマイナビの強みだと思っています。

一方でアンケートデータだけに偏らず、ある種の理想像から情報を発信していく必要もあると考えています。時にはアンケート結果とは異なる判断であっても本質的に高等教育機関と高校生をつなぐチャレンジをしていくことも意識しています。

上村　例を挙げると、数年前にプログラミングやIT分野に興味のある高校生を対象に、マイナビと連携した協力会社のプログラミングスキル向上の授業を受けられるプロジェクトを展開したことがありました。これは高校でプログラミング教育を含む「情報Ⅰ」が共通必履修科目となり、大学入学共通テストでも2025年度入試から「情報」科目が新設されることを受けて実施したものです。

プログラミングを初めて体験する高校生にもわかりやすいよう、スタートのハードルを下げたつもりで実施しましたが、思ったよりも参加者は伸びませんでした。社会や高等教育機関が必要だと思っていることと、高校生が実際に求めているものにはギャップがあったという事例でした。

このようにうまくいかないこともありますが、メディアの力で学校の魅力発信や高校生の進路選択を支援しているわけなので、アンケート結果などのエビデンスが万全でなくても理想を掲げて情報発信をすることは必要だと思っています。

今後のメディア展開に必要なこと

デジタルネイティブ世代の情報収集の実態

上村　マイナビ進学総合研究所が２０２０年7月に行った高校生の消費行動傾向についての調査では、高校生の約85％は18時〜24時にスマホやＰＣを利用し、最も利用するものは動画視聴が34％、ＳＮＳが33・９％という結果となりました。購買行動においては、約65％がＳＮＳをきっかけに商品を知り、約70％がＳＮＳの情報を商品購入の参考にしています。高校生世代でもＳＮＳはエンターテインメントとしてだけでなく、商品購入や進路選択などにも利用されています（次ページグラフ参照）。

澁谷　デジタルネイティブである高校生世代はメディア特性を捉えて利用できるリテラシーを持っています。例えばＹｏｕＴｕｂｅはハウツー系や学習に関わる動画の利用、Ｉｎｓｔａｇｒａｍ、ＴｉｋＴｏｋはビジュアル検索やトレンドのリサー

■ 利用サービスと利用時間帯

スマホや PC で最も利用するものを教えてください

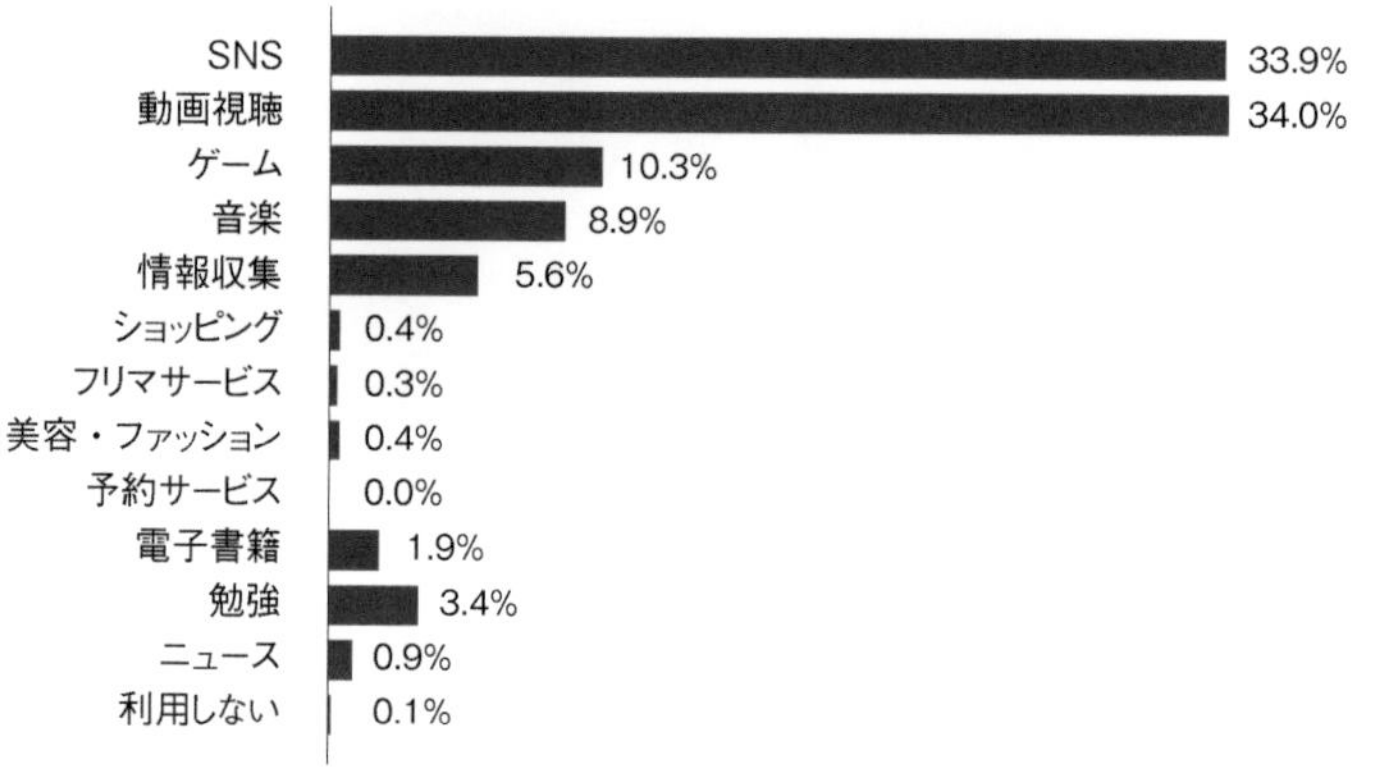

そのサービスはどの時間帯で利用することが多いですか?

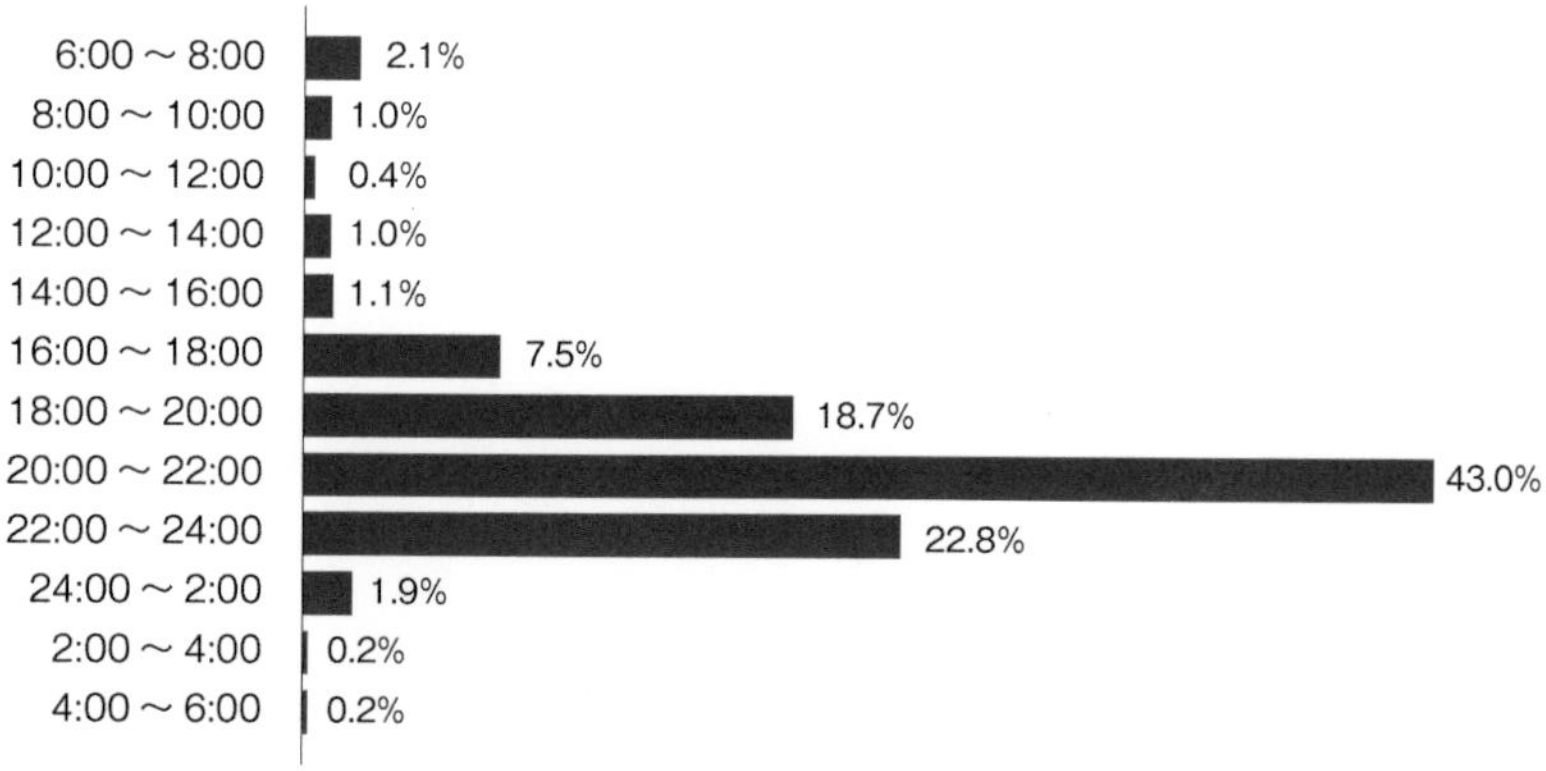

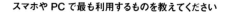

購入商品認知から決定まで利用するメディア

・購入を検討する商品を知るきっかけ　・最も参考にしている情報源　・購入の決め手になる情報源
としてあてはまるものをすべて選択してください。

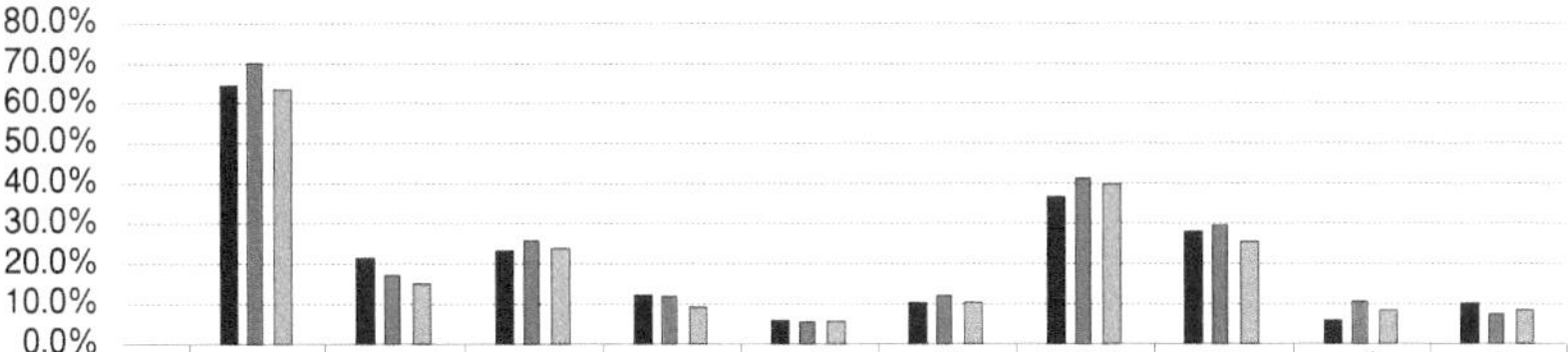

	SNS	インターネット広告	動画配信サービス	TVCM、TV番組	街中の広告	雑誌	友人や家族から聞いて	通販サイト	ブログ	そのほか
■知るきっかけ	64.9%	21.6%	23.3%	12.2%	5.9%	10.4%	36.8%	28.1%	5.9%	10.2%
■参考	70.1%	17.1%	25.8%	11.8%	5.5%	12.0%	41.2%	29.4%	10.6%	7.4%
□決め手	63.5%	15.0%	23.9%	9.1%	5.6%	10.2%	39.8%	25.5%	8.3%	8.3%

・購入を検討する商品を知るきっかけ　・最も参考にしている情報源　・購入の決め手になる情報源
として最もあてはまるものを1つ選択してください。

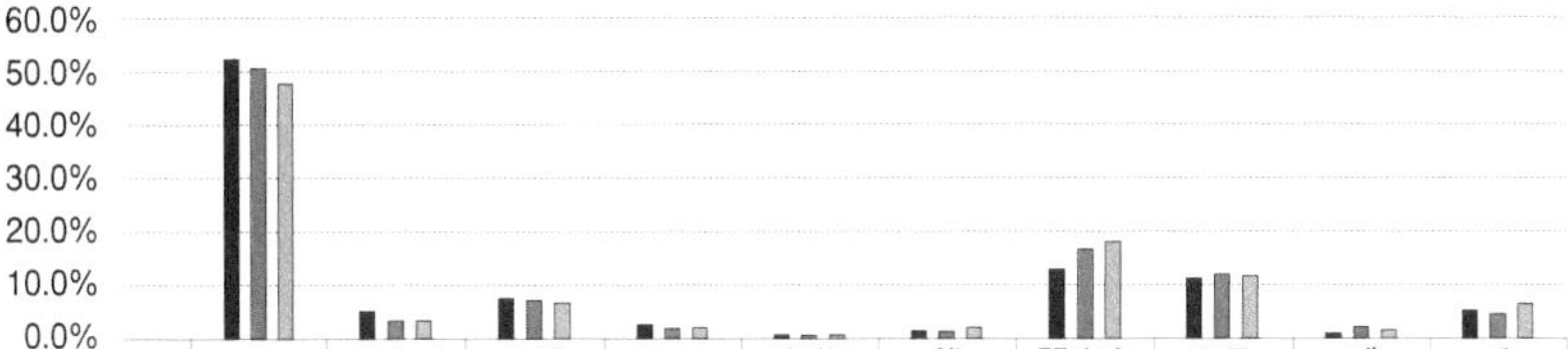

	SNS	インターネット広告	動画配信サービス	TVCM、TV番組	街中の広告	雑誌	友人や家族から聞いて	通販サイト	ブログ	そのほか
■知るきっかけ	52.2%	5.1%	7.5%	2.6%	0.7%	1.4%	12.9%	11.3%	0.9%	5.3%
■参考	50.6%	3.3%	7.1%	1.9%	0.6%	1.3%	16.6%	11.9%	2.1%	4.5%
□決め手	47.7%	3.3%	6.7%	2.0%	0.7%	2.0%	18.0%	11.6%	1.5%	6.4%

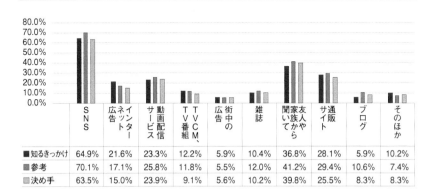

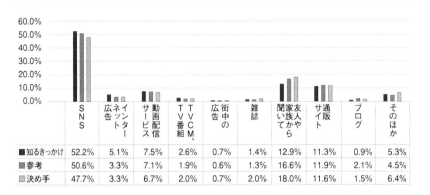

チ、Ｔｗｉｔｔｅｒは速報性の高い情報の取得など、利用目的によってＳＮＳを使いわけたり、ＳＮＳのアカウントも１サービスにつき複数のアカウントを持っている場合も多く、知りたいこと、発信したいことによって最適な運用をしています。

デジタルネイティブ世代に合わせた情報展開

上村　高校生はＬＩＮＥ、Ｉｎｓｔａｇｒａｍをよく使っていますが、だからといって「ＬＩＮＥに広告を打てばいい」という話ではありません。ＳＮＳを目的によって使いわけているので、そのＳＮＳの利用シーンを想定した訴求が必要になります。ペルソナを設定し、どのＳＮＳでどのような情報を発信するのか、あるいは同じことを訴求するにも、どのようなクリエイティブに正確に理解してもらえるのか。ＳＮＳやツールが複合的に使われているからこそ、一つひとつの施策にも深い視座が必要になります。

例えば、高校生は余暇の時間はＹｏｕＴｕｂｅの視聴に最も時間を割いています。最近だとＴｉｋＴｏｋの視聴も爆発的に伸びていますが、視聴されているからといって、高校生の視聴目的に合わない進路選択の動画をアップしても再生回数が伸びないことが多いです。広告だけでなくオーガニックのコンテンツも同様です。「高校生がそのメディアでどのような情報を得たいのか」というモチベーションに合わせたコンテンツ展開が必要です。

澁谷　マイナビが学校のコミュニケーションデザインを支援させていただく際にも、公式サイト、ＳＮＳ、進学情報媒体、そのほかの広告などを幅広く検討し、伝えたいことを伝えきる方法を検討します。予算もリソースも限られているので、たくさんの選択肢の中から学校課題に合わせて優先度を設定することが重要です。

新しい媒体への広告出稿だけでなく、学校公式サイトやオウンドメディアの作り込み、また、資料を請求してくれた高校生へのＣＲＭなど、目新しいものや注目のメディアだけに偏らず、コミュニケーション設計自体をフラットに検討しています。ほしい情報によってＳＮＳを使い分けているように、学校公式サイトに求める情報とパンフレットに求める情報は違います。新しい手法やツールが増え、ユーザーのアクションが多様化するからこそ、既存のコミュニケーション方法が目的を達成しているのか、しっかりと見直すことが重要です。

メディアに求められるもの

澁谷　テクノロジーの進歩によりメディアの在り方も多様化しており、マーケティングもいろんな選択肢があります。しかし、あくまですべて方法論であり、マイナビのサービスの目的は、高校生に対して進学先を探すお手伝いをすること、そして学校の魅力を高校生にお届けすることです。目的が達成できるなら媒体の形は問いませんし、なによりも重要なのは、マイナビのメディアをみた高校生の心を動かし、アクションを起こさせる媒体であるかどうかだと思います。

テクノロジーは日々進化しています。教育業界では少し前から「ＥｄＴｅｃｈ（エドテック）」が注目されていました。教育におけるテクノロジーの活用は、動画学習やアダプティブラーニング、学習モチベーションを記録するなど、効率的な学習ができるようになりました。また、テクノロジーにより塾や予備校と比較すると教育費は安く抑えられ、都市部と地方の差も是正されるなど、どれも素晴らしいプロダクトばかりです。ただし、便利なツールであっても、高校生自身に利用したいというモチベーションがなければ、ツールを活かすことはできません。今後は学習効率に加え、モチベーションを継続するための施策や、あるいはモチベーションのきっかけを提供できるようなテクノロジーが求められると考えています。どこに向かったらいいかわからない高校生の背中をちょっと押してあげられるコンテンツであったり、伴走してくれたりするサービスが必要だと思います。

上村　最近インタビューした高校生からは、診断系のコンテンツを進路検討において利用するという声が聞かれました。診断系のコンテンツというのは、いくつかの質問項目を答えていくと、「あなたはこの学部に向いています」「こんな仕事がおすすめです」「あなたの性格タイプ」といった、ある種の答えが出るようなコンテンツです。

現代の高校生はデジタルネイティブ世代でありリテラシーも高いですが、「自分の行きたい方向はこっちだ」と決められない生徒も数多くいます。情報やツールが多いからこそ、「選択肢が多すぎて悩んでしまうから答えがほしい」というのは想像できます。情報が多く、リテラシーが高いからこそ必要とされるコンテンツもあるのです。

澁谷　我々は常に適切なメディアの在り方を考えながら、高等教育機関の情報発信と高校生の進路選択を支援することで、教育をよりよく変えていけるようにつとめていきたいと考えています。

Section **03**

高等教育機関と社会の発展に向けてマイナビが取り組むべきこと

■ 株式会社マイナビ　未来応援事業本部
教育支援統括本部
マイナビ進学総合研究所　研究員
吉野 正利

■ 株式会社マイナビ　未来応援事業本部
教育支援統括本部　営業統括部
マイナビ進学総合研究所　研究員
笹島 慶太

日頃より高等教育機関の経営、募集担当者とのコミュニケーションを行い、課題解決に取り組む。

現在も多くの課題を抱える高等教育機関には、急速に進む社会変容に対応するデジタル人材、グリーン人材、国際競争力を持った人材など、未来人材を育成・輩出するための変革が求められています。本Sectionでは高等教育機関の課題に対し、マイナビがどのようなアプローチで支援するのか、具体的な事例とともに紹介していきます。

高等教育機関の課題解決に向けた支援

マイナビが取り組む課題解決方法

吉野　Section02では、高等教育機関は魅力的な学校づくりと同時にその内容を高校生に伝えていくことが大事であるとお伝えしました。

マイナビはメディア運営をしながら、1校1校の広告主と向き合ってマーケティング支援をしています。具体的にどのような支援を行っているのか、「学校の魅力再発見」「学びの訴求」「産学連携促進」と、三つの事例を紹介していきます。

【事例1】在学生目線で学校の魅力を再発見

吉野　多くの学校では、募集広報の職員の方々が学校の魅力を追求し、日々発信方法を考えています。我々が支援したある学校では、自校の魅力を上手く高校生に発信できていないという課題がありました。そこで、在学生と一緒に学校の魅力を考えてもらうことを提案しました。具体的には、オープンキャンパスを運営する学生スタッフにグループインタビューを行い、入学した理由や、入学後に感じた魅力などを議論してもらったのです。

笹島　そこでは、「授業以外の時間でも自由に相談できるコミュニティが多数あり、面倒見が良いと感じる」といった具体的な意見があがりました。大規模な学校にはあまり見られない、相談しやすいコミュニティの多さこそがこの学校の魅力だったのです。従来から強みの一つとして「面倒見の良さ」は広報していたそうですが、具体的な内容まで高校生に伝わらないことが課題でした。今回は在学生を交えて議論することで、具体的に面倒見の良い理由や実例を抽出することに成功しました。

吉野　同時に、この魅力をオープンキャンパスで高校生に伝えられる方法もお伝えしました。効果的なプレゼンテーション方法などを研修し、再発見した魅力を実際に訴求するフェーズまで支援させていただきました。

その結果、オープンキャンパスでは狙い通り高校生に魅力を伝達することができたそうです。このように、学校の規模や実情に応じた支援を通じて課題解決に取り組んでいます。

【事例2】探究学習で学校の学びを訴求

笹島　二つ目は、「学びの魅力の訴求」を支援した事例です。この学校における強みは、実践的なPBL（Project Based Learning）に重きを置いている点にありました。PBLは社会にも活かせる力が身に付く学習形態でありながら、高校生にはそのイメージや内容、魅力が十分に伝わっていないことがこの学校の課題でした。そこで、PBLの内容を「探究学習」と称して体験できるプログラムをオープンキャンパスに盛り込むことを提案しました。

吉野　高校生は「総合的な探究の時間」の教科で、あるテーマに対する「課題設定」「情報収集」「整理分析」「まとめ表現」を繰り返し、思考力や表現力を養う学習をしています。そのため、大学で行うPBLの学習も、「探究学習」のステップに置き換えて体験してもらうことで、高校生にとってイメージしやすいものになると考えました。

笹島　具体的な支援としては、まずその学校で行っているPBLの内容を分解し、高校生が取り組みやすい探究学習の形への再構築を大学職員の方と一緒に考えました。そしてプログラム内容を固めた上で、オープンキャンパス当日に講師を務める先生に向けて研修も実施。高校生への問いかけ方やファシリテーション方法、発表に対するフィードバックのポイントなどをお伝えし、効果的なプログラム運営を目指しました。

吉野　マイナビでは高校向けに探究教材の販売や教員・生徒向けの研修を行っているため、そのノウハウがこの支援を支えています。

笹島　結果、学校の強みであったＰＢＬの魅力を高校生にわかりやすく体験してもらうことができました。学校の学びがいくら魅力的でも、それが高校生に伝わらなければ意味がありません。本来ある魅力の内容を分解・再構築することでうまく訴求することができた支援事例でした。

【事例３】大学と企業をつなぎ産学連携をプロデュース

吉野　前述した二つの事例は、学校の魅力やその訴求方法など、学校が持つ価値に焦点を当てた支援でした。三つ目の事例は、学校と企業をつなぎ産学連携の場をプロデュースすることで、学びの価値を新たに作り出す支援をした事例です。

実学を重視する場合、実際の企業との連携は非常に効果のある学習機会になります。研究開発では大学と企業の連携事例は多くありつつも、学生の学びの場において企業と連携できる学校はそう多くありません。

笹島　我々が支援をした、食物・栄養学を学ぶある学校でも同様の課題を抱えていました。食物・栄養系の学校は、管理栄養士や調理師の養成機関というイメージが強いですが、その活躍の場は飲食店や学校のみならず、企業や宿泊施設などビジネスに携わる例もあります。また学んだ知識を活かし食品の商品開発に携わる例も多くあるため、この学校でも産学連携の学びの場を作りたいと考えておられました。

吉野　そこで我々は、関係性のある食品メーカーの社員にご協力いただき、企業課題を提示し学生同士に競ってもらう、短期間のビジネスコンテストを実施することにしました。企業課題は「食品ロス問題を解決できるカレーレシピを考案せよ」とし、学生には学んだ食・栄養の知識を活かすと同時に、食材の流通や環境問題にも考えを巡らせてもらいました。

レシピの考案やプレゼンテーション、第一線で活躍する社会人からのフィードバックなど、普段体験できない学習を通じ、学びと社会の関わりを体感してもらうことができました。

笹島　また、経営や商学を学ぶ学校への支援事例もあります。マイナビとお付き合いがある製薬会社から、マーケティング部門の方にご協力を仰ぎ企業課題を提示していただきました。あるロングセラーの栄養ドリンク（主な購買層は30代～40代）について10代や20代にも親しまれる新たな消費文化を考案せよ、といった課題でしたが、これに対して複数の大学に声をかけ取り組んでいただきました。

吉野　この事例においても、プロの視点でフィードバックを得られることで、自分たちが普段学校で学ぶ内容に対する刺激になったようです。

このように我々は、高等教育機関と企業のパイプ役になることで新たな学びの場をプロデュースするという支援も行っています。人材ビジネス事業で得た膨大な取引先との関係性や、高校生向けビジネスコンテスト運営で培ったノウハウが、この支援を可能にする強みとなっています。

未来人材のために取り組むべきこと

キャリアを意識した進路選択を早期に推進

笹島　ＰＡＲＴ01でも海外との人材育成方法の違いについて言及されていました。確かに海外の大学に伍していくためには、早期からキャリアを意識して進路を選択することが必要です。また、より高度で多様な教育を日本においても実現していく必要があります。

高度人材が社会から強く求められるなか、２０１９年に新たな大学制度である「専門職大学」が設置されました。これは実に55年ぶりとなる新たな大学制度です。より実践的な職業教育を実現する教育機関であり、起業やインターンシップを核としたカリキュラムに加え、実務家教員の充実も、これまでにない魅力の一つになっています。

情報やビジネスなどの成長分野を中心に、理論に加え、高い実践力を養う教育機関として私自身強い期待感を持っています。我々としても、このような新制度を理念も含めて認知拡大していくことが、高度人材不足解決の為のミッションであると考えています。

吉野　高等教育機関の募集広報を支援するのはもちろんですが、高校生自身が「進学先で何を修得するか」、「それを社会でどのように活かすか」を考え、進学のその先まで見据えた進路選択ができるように、進路情報を提供していきたいと思っています。

笹島　未来に通用する人材を育成する上では、キャリアに向かって学ぶ期間を十分に確保することが重要です。今後は、日本でも大学での学びや身に付けた力が仕事に役立つ教育が一層求められますが、その為には学生本人のキャリア検討を早期化することが重要になります。

海外の大学との競争という意味では、高校生の段階である程度のキャリア検討が行われていないと競争には勝てません。社会が求める力が高度化したり、それに応じて高等教育機関での学びが高度化したりすれば、修得に必要な時間は多くなり、その分キャリア検討を早期から始める必要があります。

吉野　マイナビは高校生に対し、進学先での学び情報に加え、職種や業種など仕事に関する情報も提供することで、高校生の段階からキャリア検討をできるように支援しています。高等教育機関の学びは、高度化すればするほど、わかりやすく伝えることは難しくなります。それらをいかにわかりやすく、早く高校生に伝えていくのか。その方法論を各学校のみなさまと共に考え、作り出すことがマイナビの使命だと考えています。

未来人材輩出のために求められる大規模な変革

吉野　デジタル化の加速度的な進展や「脱炭素」の世界的な潮流が、産業構造を抜本的に変革していこうとしています。さらに日本においては少子高齢化が進み、２０５０年には生産年齢人口が２０２０年比で三分の二に減少するといわれています。

　高等教育機関は、こうした産業構造変化に対応できる人材を輩出できるよう変革が求められている状況です。なかでもグローバル人材、デジタル人材、グリーン人材などは社会課題を解決しながらビジネスとしても大きく成長していくための未来に必要な人材と捉えられています。

笹島　文部科学省はこれに応えるため私立大、公立大を対象に約２５０の学部新設や理系への学部転換を支援する方針を固めました。今後の高等教育機関においては、「求められる人材」輩出のための変革が求められます。

吉野　学部の新設、転換をこれだけの規模で進めるのはこれまでにない動きになります。施設設備や教員はもちろんのこと、さまざまな面での整備が必要となりますし、学校ごとの特徴づけも必要です。そのなかで、高校生に選ばれる学校となるためには、学校の魅力を広く発信していく活動も重要となってきます。

未来人材を輩出するために

吉野　社会で必要とされる人材とはどんな人材か、どうすればそこに近づけるのかなど、キャリアを考えるためには、さまざまな情報提供や機会が必要だと感じています。これを高校生の段階で意識でき、その先の進路決定に反映させることが大切です。

笹島　そのためには、自分の適性や興味・関心を見つめ、それが適う進学先を見つけることが必要です。また、繰り返しになりますが、自分に合った進学先に出会うためには、自分がどういう人材になるかを少しでも早い段階から考え、できる限り多くの進学先を調べることが重要になります。

高等教育機関側は、提供する学びをより充実させるとともに、その学びを高校生に見つけてもらう必要があります。その学びが高度であればあるほど、わかりやすく、早く情報を発信する必要があります。

吉野　高校生が求める学びと、高等教育機関が提供する学びが合わさることで初めて、未来人材の輩出が可能となると考えています。学びの魅力の発信の仕方は全国の大学や専門学校などそれぞれで違って良い。

マイナビとしては、高校生に向けての情報提供や機会の提供をさらに進めることに加え、高等教育機関が情報を発信することの支援、学びを創出していくことの支援をさまざまな側面で行うことで、少しでも多くの未来人材の輩出に貢献していきたいと考えています。

【Section03】 高等教育機関と社会の発展に向けてマイナビが取り組むべきこと

おわりに　―教育の現在と未来のあるべき姿―

本書を最後までお読みいただきまして、ありがとうございました。

現在、日本の高等教育機関が抱える課題の多さと解決するまでの長い道のり、コロナ禍で変化した高校生の生活環境や志向などを理解していただけたと思います。それとともに高等教育機関における未来人材育成の険しい道のりもおわかりいただけたと思います。

日本の生産年齢人口は、2022年の7400万人から2050年には5300万人にまで減少すると予測されています。約2000万人もの変化は、日本の産業構造を大きく変容してしまうでしょう。本書でも度々取り上げた「未来人材」という言葉は、経済産業省が2030年、2050年の変容する社会を見据えて設置した「未来人材会議」で定義されました。「自分の頭でしっかりと物事を考え、未来を切り拓いていく力がある人材」。さらには「グローバル社会に通用する人材」であるべきと。

こうした人材育成に合わせた教育システムの変革も叫ばれています。なるべき姿は見えていますが、目標にたどり着くためには、公立の小中学校や義務教育学校、高等学校、大学などの教育機関だけではなく、国として教育を担う文部科学省、卒業後就職する企業など、官民一体となって取り組むことが必要になります。

高等教育機関が抱える課題に対して、私たちマイナビには何ができるのでしょうか。私たちのビジネス領域は、高校生の進学です。「マイナビ進学」では、高校生へあらゆるメディアとリアルイベントを通じて学校の魅力や学部・学科情報を正しく伝えています。Webにとどまらず紙媒体やセミナーでは、情報を受け取る高校生たちが動かなければいけないタイミングに合わせて、さまざまな情報を届けています。

さらにマイナビ進学総合研究所が取り組む膨大なアンケート調査では、高校生のリアルな動向や志向を分析・解析し、マーケティングデータとして高等教育機関へ提供しております。

このビジネス領域では、高校生と地方の高等教育機関をつなぐことで、ブランド力が強い学校への一極集中化を緩和しています。さらにコロナ禍により、高校生と保護者の進路選択にも「安定志向」という変化が現れました。感染リスクの高い主要都市ではなく、地元の国公立大学や私立大学を目指す傾向です。

実際に、都市部に限らず地方大学においても明確な特色を打ち出している学校はいくつもあります。グローバル社会に通用する人材育成に注力している学校もあれば、地域の企業や近隣の大学同士がコンソーシアムを組み、一体となって地域活性化人材を輩出しようとする学校もあります。中には特定分野において世界をリードする研究を行っている学校もあります。

このように、主要都市に限らずさまざまな観点で進学先を検討することは、高校生が自らのキャリアを考える上でメリットになると思います。

また、グローバル人材に必要な語学力が身に付くか、という観点も重要でしょう。やはりスキルとしての語学力は必須となってくると思います。現在の大学生たちは、語学堪能な人も多くなりましたが、全体的に底上げされているとは言い難い状況です。また講義やゼミの中でディベートを行い、自分の意見をまとめる・伝える・説得するスキルを養えることが重要になります。欲をいえば英語でディベートできることが理想ですが、「自分の頭で考え未来を切り拓く力」が身に付く人材教育ができる学校は増えていると思います。魅力を持った学校の情報は、選択肢としてすべての高校生に届くべきなのです。

就職面ではどうでしょうか。現在も新卒一括採用が続いていますが、経験者採用など転職する機会は増えジョブ型雇用に移行してきています。そのため学生は将来強みとなるスキルはなにかを考え、どのような資格が必要か、その可視化を意識しています。ゲームチェンジャー不足やイノベーション人材不足ともいわれていますが、新卒一括採用に加えて人材の流動性が高くなるジョブ型雇用の増加による相乗効果で、企業で頭角を現す人材も増えていくかもしれません。

最後に、有識者の話が実現していくのは、もう少し先となるかもしれませんが、日本の教育は良い方向に変容していると思います。

今は変化の初動であり、関係者への負荷が高くなっていることは否めません。しかし、数十年後には国内高等教育機関で学んだ未来人材たちが活躍する姿をみなさまと共有できることを目標に、私たちもその一助となるべく邁進していきます。

2023年3月

株式会社マイナビ　執行役員　未来応援事業本部　事業本部長　篠田　和昭

未来人材と高等教育

2023年3月31日　第一刷発行

著者 ――――――― マイナビ進学総合研究所

発行・発売　印刷製本 ―― 凸版印刷株式会社

東京都文京区水道1-3-3

TEL 03-5840-3700

本書の内容は、2023年3月時点のものです。

ISBN978-4-909633-21-7　C0037

マイナビ進学およびマイナビ進学総合研究所に関する問合せについては下記までお問い合わせください。

https://comm.shingaku.mynavi.jp/form/pub/mynavi/k-inquiry-contents